七夕

中国节

文字·苏 槿
插画·萧三闲

相逢七夕 便胜却人间无数

每年农历七月初七,一些中国年轻人一到了下班时间,就迫不及待地离开办公室,走出写字楼,拥入现代都市的繁华商圈,进出各种消费场所,与情侣相约,跟爱人相伴,以爱之名,掀起一场狂欢。

这一天,被称为七夕,是中国众多古老的传统节日之一。不仅中国人过七夕节,日本、朝鲜、韩国、越南等一些周边的亚洲国家也有庆祝七夕的传统。2006年5月20日,七夕节被中华人民共和国国务院列入第一批国家级非物质文化遗产名录,也被民间称作"中国情人节"。

爱情是七夕的主题,却不是全部。与西方的情人节更重情爱的表达不同,七夕重在述说爱情的忠贞与坚守。

其实,按照中国传统习俗,真正的情人节并不是七夕,而是正月十五元宵节,或三月三上巳节。古时候,大门不出二门不迈的少女们,只有在这两天,才可以大大方方步出深闺,和意中人相约游玩、观灯,互诉心意。

而七夕，反倒有些许与浪漫相违的色彩。传说中的主角——牛郎和织女这一对隔银河相守的苦命鸳鸯，每年只能在这一天匆匆相聚，之后便重新开始新一年的守望。

但是，中国人似乎从来没有将牛郎织女的故事当成一个爱情悲剧来看，顶多算一个凄美的爱情故事。而这个故事又是动人的，其对爱的忠贞与坚守，值得世代相传。因为，中国人骨子里始终相信：死生契阔，与子成悦。有一个可等、可想、可思、可忆的人，便是不负人间最美的邂逅。

金风玉露一相逢，便胜却人间无数。
两情若是长久时，又岂在朝朝暮暮。

一直以来，中国人对待爱情是严谨、严肃的，也是诗意、走心的。对于绝大多数中国人来说，再轰轰烈烈的爱情都抵不过平平淡淡的相守和陪伴。

七夕节，虽然只短暂一夕，却恰好彰显了两情相悦、相互守望、白头偕老的情感，从这个意义来讲，七夕的确堪称"中国情人节"。从古至今，无论节日的内涵如何变革创新，人们热爱这个节日的内核是不变的，人们对美好生活的祈愿，对美好爱情的追求，对美满家庭的向往都是不变的。

天底下，最动人的情话，不是"我爱你"；最动人的约定，是"我等你"。

七夕

银烛秋光冷画屏,轻罗小扇扑流萤。

天阶夜色凉如水,坐看牵牛织女星。

七夕,这样一个岁月静好的日子,让我们静静围坐在葡萄架下,听一听千百年来流传的那个至纯至美的故事。

目录

序
相逢七夕 便胜却人间无数 _ 005

第一章
七夕 神话融入生活的佳节 _ 013

第二章
七夕 传承久远的盛大派对 _ 025

乞巧：如果没有巧手，如何热爱生活 _ 028
种生求子：七夕与求子也很搭啊 _ 034
晒书晒衣：读书人的七夕更有品 _ 038
供奉磨喝乐：七夕专供玩具 _ 046
拜织女、拜魁星：不过是一场游戏一场梦 _ 052
染指甲：指甲油跟凤仙花一比，输了输了 _ 059
洗发、接露水：神奇的七夕"全能水" _ 064
游七姐水：那些说不清道不明的神奇功效 _ 068
葡萄架下听悄悄话：中国孩子的童年回忆 _ 072

日本韩国的七夕：风同源，习同俗 _ 075

第三章
七夕 吃出来的心灵手巧 _ 079

巧果：样子讨巧，寓意又好，你还真不一定比古人做得好 _ 082
巧巧饭：三个特别抢手的饺子 _ 085
吃鸡：帮不上忙也别帮倒忙，只能说声对不住了 _ 087
瓜果：当一回"吃瓜群众"，求一份桃花运 _ 089
巧芽面：豆芽做主角，七夕头一回 _ 091
七夕面：有巧意，有生活 _ 093
菱角：七夕餐桌上的文化担当 _ 096

第四章
中式经典爱情故事 _ 099

司马相如与卓文君：凤兮凤兮归故乡，遨游四海求其凰 _ 102
陆游与唐婉：在世情薄人世恶，雨送黄昏花易落 _ 106
徐德言与乐昌公主：白头相守，破镜重圆后 _ 110

梁鸿与孟光：举案齐眉共白头 _ 113
张生与崔莺莺：待月西厢下，疑是玉人来 _ 116
梁山伯与祝英台：双双化蝶翩翩舞，恩恩爱爱不绝情 _ 119
唐明皇与杨贵妃：七月七日长生殿，夜半无人私语时 _ 122
沈复与芸娘：浮生若梦，为欢几何 _ 126
柳梦梅与杜丽娘：情不知所起，一往而深 _ 130
裴少俊与李千金：墙头马上遥相顾，一见知君即断肠 _ 133
董永与七仙女：你我好比鸳鸯鸟，比翼双飞在人间 _ 137
贾宝玉与林黛玉：一个是水中月，一个是镜中花 _ 140

第五章
"物"关爱情 _ 145

中国式爱情，离不开中国式信物 _ 148
月老的红线：一辈子的幸福都指望它了 _ 151
龙凤呈祥图：吉祥高贵的象征，祥和安宁的庇佑 _ 155
双喜图：双倍的喜乐，成双的好事 _ 158

鸳鸯：专情的中国爱情鸟 _ 161
香囊：一针一线总关情 _ 164
梳子：收了我的木梳，就要和我白头 _ 167
罗帕：相思罗帕知，挂念手绢懂 _ 169
兰草、芍药：这才是地道的中国"玫瑰"吧 _ 172
茶：吃了我家茶，成为我家人 _ 174
玉佩、簪子：爱情很奢侈，爱情信物也很奢侈 _ 176
花椒：爱情需要麻辣？我只是想和你生孩子 _ 179
同心锁：你锁了，人家就懂了 _ 181
金饰：情比金坚，大概是情感的最高级别 _ 183
结婚证：一纸诺言，一生信守 _ 186

第一章

七夕 神话融入生活的佳节

我们对自然充满敬畏，因此有了神话；我们对生活充满感激，因此有了节日；我们对人生充满希望，因此有了传说。

七夕也不例外。它就像传统中国女子形影不离的针线篓，精美别致，塞满了日常必备的针头线脑，装满了历史的遗存和传统，以及自己对生活与人生的种种愿望和期许，因此变得丰富多彩，又个性十足。

如果说，节日是个筐，什么都往里装，未免过于简单粗暴。七夕的独特魅力，就像那些看似大同小异的针线篓一样，因为使用者的不同而各自精彩。而且会随着人事变迁，世代传承，不断更新，内涵不断丰满，形式与时俱进，才使其成为探寻中国人生活脉络的重要证据，更会融入中国人的精神血脉，传之久远。

那么，那些远古的神话传说，是如何融入生活，丰满七夕，使其随着时间的推移变化而不断焕然新生，成为至今魅力不减的传统佳节的？

中国人在很小的时候就听过一个动人的故事：农历七月初七的夜半时分，去葡萄架下，静静的，会听到一男一女说着甜蜜的情话。大人们指着天上最亮的两颗星告诉他们，那是牛郎织女又相会了！

这两颗星，就是在晴朗的夏夜，闪烁在银河两岸的牛郎星和织女星。

百科上的解释：织女星（Vega）又称为织女一或天琴座α（α Lyrae），是天琴座中最明亮的恒星，在夜空中排名第五，是北半球第二明亮的恒星，仅次于大角星。织女星是太阳之外第一颗被人类拍摄下来的恒星，也是第一颗有光谱记录的恒星。

牛郎星，即河鼓二星。"天鹰座α"（Altair），又叫"牵牛星"或"大将军"。排名全天第十二的明亮恒星，白色。在星空观测中，是夏季大三角中的一角。

三四千年以前，中国人就已经用肉眼发现了它们的存在，并有这两颗星的相关记载。在上古中国的信仰体系里，星纪崇拜分量很重。人们把天上的星宿神化并人格化，于是有了七夕的传说。

织锦手艺哪家强，天帝孙织女也

七夕节，又名乞巧节。乞巧，顾名思义，就是祈祷心灵手巧。这个节日起源于汉代，东晋葛洪的《西京杂记》有描述："汉彩女常以七月七日穿七孔针于开襟楼，人俱习之。"

在"男耕女织"的小农经济时代，女性最被看重的技能便是女红，也就是纺织、刺绣、缝纫等针线活儿。俗话说"七分靠打拼，三分天注定"。大概每个人都希望自己天赋异禀。于是，她们将目光锁定在织女星身上。

既然要塑造一个神，那她的出身一定非同寻常。织女，天帝孙女，汉代《史记·天官书》记载："织女，天女孙也。"（后世也不乏织女是天帝之女的记载）长得秀美动人，"面若明月，辉似朝日，色若莲葩，肌如凝蜜"。这样一位高门贵女就是现代人眼中标准的"白富美"吧！织女不仅出生高贵，美丽动人，更重要的是，她是掌控纺织业的神。南朝《述异记》："大河之东，有美女丽人，乃天帝之子，机杼女工，年年劳役，织成云雾绢缣之衣。"

简简单单一句话，道尽织女不简单的技能。首先便是织云。宋代秦观一曲《鹊桥仙》开篇"纤云弄巧"，说的是变幻多姿的云彩，全都是拜织女手艺。其次，"绢缣之衣"，听上去就是又美又豪的华服也是织女制成的。难怪她成为下界众多少女心中的"完美女神"。于是，少女们纷纷相约在七月初七夜，设香案祭拜织女，请求其传授女红技艺。而后，还会进行一些女红游戏和比赛，欢闹一夜。这便是七夕乞巧的由来了。

河东河西遥相望,七夕留得一念想

只是,织女虽然人美手巧,可惜并不快乐!《述异记》记载:"辛苦殊无欢悦,容貌不暇整理……"

也就是说,织女常年超负荷地工作,远远超过现下网友们说的"996"。"天帝怜其独处,嫁与河西牵牛为妻,自此即废织纴之功,贪欢不归。帝怒,责归河东,一年一度相会。"这是牛郎织女传说N多个版本中的一个。在这个版本中,织女和牛郎同属天上的星宿,一个在河东,一个在河西。天帝原是本着"男女搭配,干活不累"的想法御赐了这桩婚事,却没想到二人婚后如胶似漆,以至荒废正事。于是下令二人分居两地,一年相

见一次。这个版本，倒是符合上古时期，人们对自然天象的崇拜。

而另一个广为传播的版本，则更加接地气。

相传，牛郎是一穷苦人家的孩子，自幼和哥哥相依为命。哥哥后来娶了亲，谁料到嫂嫂竟是个刻薄妇人，常常虐待牛郎。他被迫分家出来单过，靠一头老牛自力更生。这样过了几年，牛郎也到了该娶妻生子的年龄。

有一天，老牛竟然开口对牛郎说："牛郎啊，今天你到碧莲池那边去，有一群仙女来洗澡。你要把一件红色的仙衣藏起来，这件衣服的主人就会是你未来的妻子。"

牛郎又惊喜又疑惑，"牛大哥，你怎么会说话呢？你说的是真的吗？"

原来，老牛是天上的金牛星下凡，有意帮助牛郎。牛郎便依老牛所言，去碧莲池旁的草丛里躲起来。

不一会儿，果然有一群仙女来了，褪去轻罗彩衣，纷纷跃入水中嬉戏。牛郎从草丛中钻出，抓了一件红色的仙衣便藏起来。仙女们觉察到周边有人，慌忙套上衣衫匆匆离去，独留下找不到自己衣服的仙女尴尬地站在池边。她便是织女。织女见自己的衣裳被一个年轻小伙子拿着，又羞又急。

牛郎憨头憨脑走上前，将衣裳还给仙女，央求她留下来做自己的妻子。或许是牛郎的真诚打动了织女，又或许是天上的生活的确不值得眷恋，织女答应了牛郎的请求，与他结为夫妻。

婚后，男耕女织，牛郎织女的小日子充实而幸福。不久后，他们生下来一双儿女。

原以为日子会这样岁月静好地过下去。可惜突然有一天，陪伴他们多年的老牛死了。老牛临终前嘱咐牛郎将自己的皮剥下来。只要牛皮披在身上，就可以飞上天去。也就在同一天，天帝得知织女竟然私自下凡，与凡人结婚生子，立马派王母娘娘亲自下凡去押解织女回天庭。那天，天空浓云密布，神兵从天而降，不由分说地带走了织女。匆忙间，牛郎用一对箩筐挑起一双儿女，披上老牛的皮追着飞上天去。眼见牛郎就要追上了，王母娘娘拔下金钗，在天空中一划，一条波涛滚滚的银河出现在牛郎面前。牛郎再也跨不过去，只能在岸边与织女遥遥相望。

从此，一个河东，一个河西……

王母娘娘也不是铁石心肠，同意牛郎和孩子留在天界，允许他们每年七月初七相见一次。可天河辽阔，又只有短短一天，要如何才能相见呢？劳燕分飞的一对璧人，可愁坏了专职成人之美的喜鹊。于是，它们自发组织起来，在这一天，用身体在银河之上搭起一座桥，让牛郎织女在天河上一诉衷肠。这便是七夕故事里最著名的鹊桥相会了。

后世，无数个七月初七的夜晚，天上情话绵绵，地上心事重重。少女们携手坐看牛郎织女星，呈上时令瓜果祭拜，一方面，虔诚地祈祷织女能赋予自己灵巧的双手和心灵；另一方面，也暗自期盼，"愿得一心人，白首不相离"。

于是，牛郎织女的爱情故事融入乞巧的日子，使这个原本单纯的"女儿节"也饱满和多情起来。七夕也不再仅仅是女儿乞巧，切磋女红，也有了花前月下的告白和期许。

有乞巧，有狂欢，更有期许

客观地讲，牛郎织女的故事之所以会与乞巧融合发展，跟当时人们对天文认知和纺织技术发展密不可分。当神话与民俗结合之后，渐渐演绎出神秘崇拜和祭祀祈福的内容，而且越来越丰富多元。东晋葛洪《西京杂记》是最早记录七夕风俗的历史文献，书中描述汉代宫廷女性在七夕穿针乞巧的情景，也从一个侧面反映出七夕乞巧已达到"人俱习之"的程度。与此同时，民间早已流行的晒衣晒书等活动，也渐渐被融入七夕活动之中。到了魏晋南北朝时期，七夕乞巧的内容更加丰富，喜蛛应巧流行开来；祭拜牵牛织女星的仪式也颇为隆重。"竹林七贤"的阮咸因为看不惯富人们借晒衣名义炫富，还玩出了一段新的晒衣花样。盛唐时期，七夕乞巧活动在宫中盛行，而且场面甚为铺张奢靡。唐太宗每逢七夕还要与妃子在宫廷夜宴。民间的排场虽及不上宫中的"乞巧楼"，也争相效仿，将七夕过得极其有"高级感"。王建有诗曰："阑珊星斗缀珠光，七夕宫娥乞巧忙"，描绘的就是七夕后宫佳丽忙着乞巧的盛况。

七夕乞巧与祭祀活动虽然代代相传，但直到宋代才正式被确定为国家法定节假日——"七夕节"。宋代的七夕节娱乐性与商业氛围日盛，节日气氛空前热闹，从七月初一开始，宋人便着手置办乞巧的家伙什儿。京城甚至还设有专卖乞巧物品的"乞巧市"，一连几日，"车马不通行"，称之为全民参与的狂欢似乎已不为过。这热闹劲儿，一点也不亚于春节。

至于节日期间的活动，就更是花样百出，除了玩法越来越多的各种乞巧、验巧、应巧活动，甚至出现了闺蜜聚会，抢购七夕"芭比娃娃"磨喝乐的潮流。只能说，宋朝人，"城会玩"（你们城里人真会玩）！

元代，京城一带则流行在七夕接女儿回娘家过节的习俗，举办隆重的"巧节会"，又称"女孩儿节"，也相当热闹。到了明代，七夕被称为"女儿节"，逛街、逛庙会成为主要活动，"乞巧市"仍然热闹非凡，磨喝乐仍然大有市场。而到了清代，幼女们也加入乞巧的派对，心灵手巧从娃娃抓起。

七夕经久不衰，乞巧迭代弥香，一方面是由于乞巧活动与时俱进，不断丰富升级，深得人心，另一方面，也和牛郎织女的故事被广为传诵有关。随着时代的发展和生产技术的进步，人们对牛郎织女的兴趣重点也从膜拜织女手巧，转移到了对他们忠贞爱情的肯定和赞赏。最为著名的"证据"，就是宋人秦观的《鹊桥仙》名句："两情若是久长时，又岂在朝朝暮暮。"这完完全全就是一场苦恋啊！可既然心中有爱，又何惧艰难险阻呢？更何况"金风玉露一相逢，便胜却人间无数"。

现代社会，虽然乞巧和祭祀祈福活动没有继续流行，但人们对于忠贞爱情的渴望与追求却始终如一。所以，无论七夕在今天被叫作"中国情人节"，还是"中国爱情节"，人们在这一天热情参与其中，渴望得到和表达的，仍然是对专一、专注，经得起时间和任何外力考验的爱情的期许。

此外，七夕所代表的这一天，也是古人"数字崇拜"的典型案例之一。七月七，与正月正、二月二、三月三、五月五等"重日"一样，被认为是"天地交感""天人相通"的好日子；同时，"七"与"吉"谐音，"七七"更是吉上加吉，是一年中仅此一例的"双吉"日，因此没有不重视和流行的理由。

总之，七夕节的由来，蕴藏着古代中国人的天象崇拜、偶像崇拜、数字崇拜，也有着中国人对幸福生活的向往、对忠贞爱情的期许，甚至还有顺应时节的智慧。

第二章

七夕
传承久远的盛大
派对

春夏秋冬，一年四季，到底哪一天才是与爱情、亲情相关的最美好的日子？古人给出的答案是：七夕。

如何过好七夕？古人也给出了他们的范本，这就是习俗。习俗世代延续，在传承中更新迭代，丰满了节日的内涵，使得节日庆祝更有底蕴；也丰富了节日的外延，使得节日活动花样百出，节日本身更具生命活力。

起源古老的七夕，便是在世代沿袭的传统活动中，在逐渐丰富多元的活动中，保持其独有活力与魅力的。从单纯的织女星崇拜，到对月乞巧；从喜蛛应巧到浮针验巧；从女孩子染指甲到男孩子拜魁星；以及现代都市时尚意味浓厚的"中国情人节"的种种新潮玩法，都使得七夕历久弥新。

七夕，一直以来，都是一场人气颇高的盛大派对。

乞巧

如果没有巧手,如何热爱生活

"七夕今宵看碧霄,牵牛织女渡河桥。家家乞巧望秋月,穿尽红丝几万条。"

唐朝诗人林杰的《乞巧》,给我们描绘了一幅七夕夜乞巧图。这样的场景是一千多年前的七夕夜家家户户都有的景象。这首诗向我们至少描绘了两个画面:七夕夜晚,人们望向深邃的苍穹,仿佛看见牛郎织女在"天河"之上相会;一弯秋月下,大家正在穿红线,比谁更心灵手巧。

喜蛛应巧、浮针求巧,小把戏里暗藏小心思

乞巧,就是乞求巧智。说白了,就是乞求得到古代女性都应该掌握和精通的手艺活儿。在中国古代,男子择妻,是依照"德言容功"这四个方面来衡量的。德指品德,言指言辞,容指

容貌,功则是女红,也就是针线活。可见,女红对于当时女子的重要性。女红好的女子不愁嫁。所以有这么一个节目,让大家既能求心中希望,还能姐妹们一起切磋女红,也是很有必要的了。

乞巧一定是件好玩又好看的事儿。但这个画面感,各朝各代还有些许不同。

七夕节源自汉代,最早的记述见于东晋葛洪的《西京杂记》,"汉彩女常以七月七日穿七孔针于开襟楼,人俱习之"。开襟楼,汉掖庭楼阁名;彩女,应是汉代的宫女。意思就是,汉宫彩女在开襟楼玩丝线穿七针孔的游戏。看来,这项游戏是从宫廷传出来,而后被广大百姓模仿。最初参与"乞巧"的,男女都有。

女孩子主要是拜织女求巧，男子则是拜魁星，祈祷学业有成、金榜题名。后来逐渐演变为偏重女性参与的节日。

到魏晋南北朝时期，南朝梁宗懔《荆楚岁时记》记载："七夕，妇人结彩缕穿七孔针，陈瓜果于庭中以乞巧。有喜子网于瓜上，则以为得。"这个时候，不仅有穿针引线的游戏，还有新鲜瓜果陈于庭中，供奉给"女神"——织女。"有喜子网于瓜上，则以为得"，意思是说，如果有小蜘蛛在瓜上结了网，则被认为是得到了织女的回应。这就是七夕常见的"喜蛛应巧"。在后来的唐代、宋代、明代皆有相关记录和描述。

五代王仁裕就在《开元天宝遗事》中记载："七月七日，各捉蜘蛛于小盒中，至晓开；视蛛网稀密以为得巧之候。密者言巧多，稀者言巧少。"这说明唐代不再是以蜘蛛结不结网来作为乞巧的回应，而是以蜘蛛网的疏密来判断。

唐代，社会稳定，经济繁荣，七夕这样的重大节日当然被过得越来越有滋味。王仁裕的《开元天宝遗事》还记载："七夕，宫中以锦结成楼殿，高百尺，上可以胜数十人，陈以瓜果酒炙，设坐具，以祀牛女二星，妃嫔各以九孔针五色线向月穿之，过者为得巧之候。动清商之曲，宴乐达旦。士民之家皆效之。"七夕之夜，宫中乞巧、玩乐通宵达旦，百姓皆效仿。皎洁的月光下，美酒飘香，时令瓜果鲜美，美人儿们着鲜衣华服，借着月色穿针引线。宴席间，喜乐悠扬，天上人间，欢聚此刻。七夕夜可是名副其实的狂欢夜啊！

唐宫妃嫔们虽然仍以穿针引线作为乞巧模式,但同时,另一种乞巧方式也盛行起来,这就是"浮针求巧"(也称"投针验巧")。

现藏于美国大都会美术馆的《唐宫七夕乞巧图》描绘的就是七夕夜的欢庆场面。在这幅画里,黑漆漆的大案几上,整整齐齐地摆放着很多碗盏,这些碗是用来干嘛的呢?斗茶?拼酒?非也。这些碗是用来乞巧的。具体的操作大概是这样的:在七夕的前一天,用碗盛满清水置于阳光下暴晒,如此经过一天一夜,水面上便会形成一层薄雾,也就是"水皮"。到了七夕节的午后,就是闺蜜们展示手艺的时刻了!她们要小心翼翼地捏着一根针,轻轻放到碗中。这针必须得浮在水面上不能沉。接下来,还要看针在碗底形成的投影。如果影子是一把梭子的形状,说明得到了织女的垂青,会获得大家艳羡的目光;如果影子是个棒槌状,则恰恰相反。当然,游戏归游戏,在现代人看来,仅仅凭借影子来判断是否拥有巧艺实在是可笑,但古代女子的确是热衷于这样的小把戏的。

到了宋代,七夕节真正成为市民狂欢节。像春节一样,人们会提前开始筹备这个节日。至于乞巧,更是郑重其事。

《东京梦华录》记录了宋人在七夕夜乞巧的情景:"至初六日、七日晚,贵家多结彩楼于庭,谓之'乞巧楼'。

铺陈'磨喝乐'、花瓜、酒炙、笔砚、针线，或儿童裁诗，女郎呈巧，焚香列拜，谓之'乞巧'。"

瞧瞧这豪华的场景。为了七夕节，富贵人家还要专门扎一座用彩纸和竹条或木条做的彩楼用于乞巧，是不是听上去就很"高大上"？摆设的东西可谓十分丰富：磨喝乐（这是啥？后文详述）、瓜果、茶、酒、笔墨纸砚、针线……可谓应有尽有吧！少女们点上香烛，虔诚跪拜，祈求内容或有区别，主题思想大致相同。月凉如水，人情缱绻，瓜果美酒，花插案头，这是一个美好的节日，一个赏心悦目的节日。

元、明、清代的乞巧模式是对前朝的发展、改良和传承。清代诗人吴曼云的《江乡节物诗》写道："穿线年年约北邻，更将余巧试针神。谁家独见龙梭影，绣出鸳鸯不度人。"由此可见，明清时期，最重要的乞巧模式依然是"浮针求巧"。乾隆年间《武清县志·岁时》就有这样的记录："七月七日，为'女节'。少女咸以盂盛水向日，中漂针，照水中之影，以试巧，复陈瓜果，争相乞巧。"

乞巧文化，寄托着中国人的美好生活愿望

2006年，甘肃省西和县被命名为"中国乞巧文化之乡"；2010年，广东省东莞市望牛墩镇以及广州天河区珠村被命名为"乞巧文化之乡"。甘肃的乞巧文化保存得很完整，在七夕文化

节期间，就有迎巧、拜巧、送巧等载歌载舞的表演形式，复活了传统。广州天河珠村则有一个乞巧博物馆。每年七夕期间，会有摆七娘、拜七娘、送七娘、吃七娘饭、乞巧集市等精彩节目。

在更多的中国城市，七夕之夜，会有一些汉学社或者汉服学会组织一场美轮美奂的乞巧仪式。一些热衷于传统文化的年轻女孩儿们换上汉服，效仿、演绎一场旧时的乞巧，为我们带来一场美的演出。

任何一种传统文化，任何一个传统节日，在当代的传承，都不一定要刻意模仿古制，但可寻求传统古意。乞巧，是中国人对美好生活的向往，也是丰富多彩的中国文化的传承。

种生求子

七夕与求子也很搭啊

有一个谜语,谜面:"投针验巧得天工,种生求子宜子祥。"打一个传统节日。

谜底:七夕。

"子孙满堂"的中国传统观念

说到求子,不得不提到"子孙满堂"的中国传统观念。在中国传统画里,有很多表现多子多福的吉祥画面,比如莲(连)生百子、榴开百子,更著名的,是一幅幅有着许许多多胖小子的"百子图"。

百子图是中国古代一个画种,"百"意味着"多",百子图就是多子图。据说,这个灵感来自周文王。传说,周文王有九十九个儿子,还在路边捡了个雷震子,加上他,文王就有百子之说。这一段,被《诗经》记录在案。"大姒嗣徽音,则百斯男。"(《诗经·大雅·思齐》)大姒,相传是周文王的王妃,极擅生养。于是,大家赞美她延续了周室血脉,祝福她能再生一堆儿子。"文王百子"被中国古人看作祥瑞之兆,所以中国一直有老话说"多子多孙,万代昌盛"。

子孙满堂,一直被中国人视为家族兴旺的最重要的表现。因此,上至皇室,下到百姓,凡嫁娶,总会从百子图,或是吉祥话里讨个彩头。白头偕老,早生贵子,无论时代如何变,这都是中国婚姻观念里最美好的祝福。

种生?古代版的生态微景观

七夕,以爱情为主题,以女性为主体。农历七月初七,不

仅仅是七夕佳节,更是个非常吉利的日子。"七"又与"吉"谐音,"七七"更是吉上加吉,双吉。所以古人说了,"初七日勿想恶事"。也就是说,七夕这一天,适合做一些美梦,想一些美好的事情,憧憬你所憧憬的,那么一定会心想事成的!

所以在这一天,闺阁少女愿求一心人,内院妇女们则求夫妻和睦,多子多福。于是乎,种生求子应运而生了。

放到现在,种生求子这门技艺真可纳入幼儿版"生物实验课"。因为它实在是简单又有趣。在七夕前几日,找一块小木板,或者小木槽,铺上一层薄土,撒下粟米的种子。过几日,种子就发芽了,生出可爱的绿嫩芽。这是不是意味着"种生"成功?此时,还需做点小装饰,比如摆一座迷你版的茅草屋,添加一些小花木,搭建成迷你版农家田舍的可爱模样。古时候称此为"壳板",其实有点类似于现在的某些微景观啦!有家才有家人嘛,大概是说,家园已经搭建好了,现在可以开始好好生活了!

还有一种模式,就是现代人也津津乐道的"发豆芽"。也是在七夕前几日,用绿豆、小豆或者小麦浸泡于碗中,待到七夕这一天,已经长出了寸长的豆芽,便用红、蓝丝线将其捆成一束,这就叫"种生",也叫"五生盆"或"生花盆"。这是古人认为的"种子得福"的象征。另有一种说法,说是到了七夕这日,便将"五生盆"拿到阳台上,用以供养牵牛星,祈愿姻缘良好。

水上浮游作"化生"

除此之外,还有一拨儿更好玩的操作。为了满足大家"求子"的市场需求,古时一些精明的商家便制作一些牛郎、织女或者鸳鸯等爱情吉祥物的蜡塑,妇人们把它们买回家,放在水上浮游,以此为宜子之祥,称为"化生"。说白了,就类似小孩子洗澡时,家长在浴盆里放的塑料小黄鸭等玩具。

中国人讲求种瓜得瓜,种豆得豆,种生求子这样的美好祈愿,带着一些游戏精神,带有虔诚的愿景,是中国古人纯朴的生育信仰,也是中华民族千百年来"百子呈祥"的文化传统。

晒书晒衣

读书人的七夕更有品

闷热的盛夏里,一卷风云带来一场暴雨,更觉闷热和潮湿了。这就是南方的天气。暴雨刚走,小区中庭草坪上热闹起来。探头一望,家家户户的铺盖、棉絮、大衣都挂了出去,在太阳底下暴晒。翻翻日历,哦,又快到七夕了。

七夕,正是一年最炎热的时候,农家要忙着"打谷子",城里的人,无论有没有晾晒条件,都要创造条件,晒晒家里的衣物。

这样的晾晒习俗并非现在人的原创,而是汲取古人智慧的精华,活学活用。有一句民谚:六月六,晒伏时。据说,民间的"六月六"晒衣风俗,其实是明清时期才兴起来的,系从七月七移到六月六。明代《帝京景物略》中也有相关记载:"六月六日晒銮驾,民间亦有晒其衣物,老儒破书,贫女敝缊,反覆勤日光,晡乃收。"不管晾晒的什么吧,总之,这项民俗由来已久。

七夕夜,去庭中取回暴晒了一天的被褥,深深嗅一嗅,满满的阳光味道，幸福啊！

你晒绫罗绸缎，我晒破布短裤

如果古人也有微博、朋友圈，在七夕那天一定会非常热闹。

相传晒衣之俗始于汉代。《杨园苑疏》记载，汉建章宫有太液池，池西有汉武帝之晒衣阁，每到七月初七，宫女必登楼晒衣。魏晋时期，七夕晒衣的习俗已经相沿成风，只不过画风好像变了……

是日清晨，张家大门敞开，院子里尽是绫罗绸缎，鲜艳夺目。

李家的衣物也铺开了，论品相一点不亚于张家，甚至还有今年最新款限量版潮流新鞋。

"竹林七贤"的阮咸特看不惯富人们这些低俗的把戏，于是，他在自家庭院中，找了一根竹竿，漫不经心地挑起一块破布短裤，迎风招展。街坊四邻都困惑了，东家奚落，西家嘲讽。阮咸却不以为然，"未能免俗，聊复尔耳！"意思是，我也未能免俗啊，姑且这样罢了！

晒书，为了表示对魁星的尊敬

当然，七夕是一个美好的，浪漫的节日。如果只是晾晒一些衣物、箱笼之类，未免太过于平常，少了些许诗意。像阮咸

这样的读书人，不过就是偶尔"自黑"一下，更多的读书人则玩起了高级的晒法——晒书。

七夕晒书，得先说回古人对星宿的崇拜。除了牵牛星和织女星，古人对星星的崇拜是很广泛的。他们认为，东西南北方各有七颗代表星，合称"二十八宿"。这其中，北斗七星可供大家夜间行走辨别方向，北斗七星的第一颗星就是魁星，也称作魁首。

在文人心中，魁星的来头可大了。中国神话传说中，这位看上去张牙舞爪，甚至有些凶神恶煞的主儿可是主宰文章兴衰的神。在中国民间，更有"魁星主文事"之说。后来有了科举考试，将进士第一名称作"状元"，也称作"魁甲"；乡试中，举人第一名称"解元"，也称作"魁解"，由此可见，魁星在读书人心中至高无上的地位。时至今日，中国各地仍然保留着众多魁星楼，比如阆中古城的魁星楼就被誉为"魁星祖庭,"香火极盛。及至今日，凡考试、比赛拿了第一名，仍被称为"夺魁"。一到高考季，父母们都要去魁星楼等地上炷香，磕个头，诉求自己孩子能考得好成绩。

农历七月初七，这一天是魁星的生辰。天下读书人为了表达对魁星的崇敬，不仅要在这一天拜魁星（主要流传闽东一带。"拜魁星"仪式在月光下举行，有时候和拜织女在一起，非常热闹有趣），还要干一件大事晒书。这一晒，已经晒了两千多年。

晒书较高下，首推"晒肚皮"

关于晒书，最早的记录是西周时期《穆天子传》所载"天子东游，次于雀梁，曝蠹书于羽陵"。但这里说的是伏天晒书，并没有特指在七夕。那么七夕晒书的来源呢？据史料记载，这一习俗则起源于东汉末年。东汉崔寔《四民月令》有言："七月七日，曝经书及衣裳，不蠹。"可以看出，晒书和晒衣一样，目的是为了不生虫。

虽然是如此朴实无华的缘由，但读书人晒书，总会晒出一些事儿来。

比如有借题发挥型。据说，司马懿因位高权重，颇受曹操忌惮，为求自保，便称病在家。曹操派亲信试探虚实。时值七夕，司马懿便借势装疯晒书。

另有傲娇型。西晋时期，七月初七这天，大家都捧出书来晒。唯有大司马桓温手下的参军郝隆跑到太阳底下去躺着，敞开衣襟晒肚皮。众人费解，问他作何？他回答："我晒书。"原来，这郝隆饱读诗书，满腹才华，所以如此自负。世人却认为他在夸耀才学，蔑视习俗。

还有创新型。别人晒书都是找一块空地，偏唐朝诗人陆龟蒙要用床。还在他的诗中写道："早云才破漏春阳，野客晨兴喜又忙。自与酌量煎药水，别教安置晒书床。"

不过，这些人的运气比起清朝著名学者朱彝尊都差了点。

朱彝尊也算是个傲娇性的晒书选手，可人家晒书却正经晒出了名堂。

朱彝尊一生嗜书如命，藏书颇丰。据说，他的藏书多达 8 万卷，贮藏于"曝书亭""古藤书屋""潜采堂"等处。他还曾著有一本书，就叫《曝书亭集》。相传，康熙皇帝曾于某年的六月初六（明清两朝的晒衣晒书习俗由七月初七挪至六月初六）微服私访，经过罢官在家的朱彝尊宅第，看到他一面晒书一面晒肚皮。康熙觉得这人甚是有趣，一时兴起，就和他聊开了。这才发现朱彝尊是个相当有才华的人，便把他破格重新启用。据说，读书人将晒书也称为"晒肚皮"，就跟朱彝尊有关。

晒书，令七夕沾上书卷气

抛开魁星生辰的仪式感，即便在今天看来，晒书本身就是极其环保的护书方式。长达几个月的梅雨季节，高温高湿对书籍或多或少有一些破坏，发黄、长虫、霉烂，甚至脱墨、破损，对于嗜书如命的读书人来说，简直是"灭顶之灾"。

随着历史的向前推进，晒书也越来越讲究。从最开始晒书于空地，到清人朱彝尊盖的"曝书亭"，可见大家对晒书的重视。如果非要深究晒书之法，只有搬出清代藏书家孙庆增在《上善堂藏书记要》中的描述："曝书须在伏天，照柜数目挨柜晒，一柜一日。晒书用板四块，二尺阔，一丈五六尺长，高凳搁起，放日中，将书脑放上，两面翻晒。不用收起，连板台风口凉透，方可上楼。"

晒书，并非"裸晒"，也讲究时辰；晒后，也需凉透才可收起来。历代的一些诗句，如宋刘筠的《戊申年七夕》："岂惟蜀客知踪迹，更问庭中晒腹人"；清唐孙华的《周砾圃被盗窃书砚作嘲盗诗戏和》："从今腹笥防窥瞰，莫向人前卧晒书"；清孙枝蔚《七夕忆内》："遥怜弄针妇，空嫁晒书人"；清毛奇龄《七夕》："向夕陈庭尝下果，连年每晒腹中书"……都向我们展示了七夕节晒书的热闹场景。

于今人而言，更应该效仿古人晒书、爱书、惜书的情怀。

七夕夜，月黑风高，大人们从自家阳台上收回晾晒了一天的书籍，还散发着油墨香气。随手打开一本传说故事，于淡淡的荷花香中，给孩子们再讲一讲那个古老的故事……

诗意中国，耕读传家，七夕，也有书卷气。

供奉磨喝乐

七夕专供玩具

如果穿越回宋代,去过一把七夕节的瘾,你最想给现在的人带一份什么样的手伴?如果你还没有答案,那我告诉你,一定是磨喝乐。

仅仅从字面上来,很难知道磨喝乐是个什么玩意儿。

换上一件褙子,打一碗茶,燃一炷香。门外芭蕉绿得盎然,案头瓜果飘香,思绪已经神游回大宋……

一脚踏进东京城,今日正好是七夕。商贩们很早就打开了店铺门,游贩们也挑着满满的货物,一时间,热闹非凡。应季花卉、时令水果、各种糕饼应有尽有……竟然不知道该买什么好!等等!这是宋朝的"双十一"吗?看样子应该差不多!来来往往的人越来越多,有买水果的,有买新鲜布料的,有买华丽成衣的……再仔细一看,小孩子手里都拿着一个土塑或木雕的小人,边走边把玩。细一打听,原来,这就是鼎鼎大名的磨喝乐。

源自佛教故事，填补情感空虚

磨喝乐，是梵文的音译。据说是佛祖释迦牟尼的儿子（一译"罗睺罗"），佛教天龙八部之一，传入中国以后经过一番汉化，由蛇首人身的形象演化为天真童子，成为七夕节供奉牛郎、织女的一种土泥偶人。磨喝乐滇眉笑眼的小儿形象，正中乞巧妇人们"乞巧""宜男"的愿望。王今栋在《磨喝乐考》中这样推理："人们把善良美丽的牛郎织女的相会，看作是一次幸福的会见，就像释迦成佛后回宫说法一样……人们在牛郎织女故事中得不到满足的地方，都能在悉达多太子成佛的情节中找到安慰。悉达多太子成佛后，留下他亲生的儿子磨喝乐，也做佛身。并且久住人间成变化身，成为团聚、欢乐幸福的象征，也正符合人们的心理需要，特别填充了牛郎织女七夕相会又离别的情感上的空虚，所以人们喜爱这样一种偶像。"

可以肯定，磨喝乐，是神；磨喝乐，和七夕节密切相关。

但它仅仅只是精神偶像吗？它的出现和兴盛又是什么时候呢？

价格不菲的宋代版"芭比娃娃"

翻阅历史古籍，磨喝乐大都出现在宋朝的著作中。《东京梦华录》中这样描述："七夕，皆卖磨喝乐，乃小塑土偶耳。悉以雕木彩装栏座，或用红纱碧笼，或饰以金珠牙翠，有一对直数千者，禁中及贵家与士庶为时物追陪。"看来，磨喝乐并不是个简单的"土泥偶人，"还很好看。比如或用红沙碧笼，或装饰有金珠象牙翡翠，有的一对甚至值几千文，真不是普通的工艺品啊！

《醉翁谈录》里说道："京师是日（七夕）多博泥孩儿，端正细腻，京语谓之'摩㬋罗'。小大不一，价亦不廉。或加饰以男女衣服，有及于华奢者，南人目为巧儿。"这段话也告诉我们，磨喝乐在七夕大量上市，价格并不便宜，小泥孩儿的穿戴还比较讲究。

《岁时广记》中也有类似记载："磨喝乐南人目为巧儿。今行在（杭州）中瓦子后市街众安桥，卖磨喝乐最为旺盛。"到了南宋时期，磨喝乐依然流行，中瓦子后市街众安桥就是传说中的"磨喝乐一条街"了。

《西湖繁胜录》也说，"（七夕，杭州）御街扑卖'摩侯罗'，多着乾红背心、系青纱裙儿。亦有著背儿、戴帽儿者。"磨喝乐并不只有一款，一个模式，可以换衣装，还有不同款的配饰可供挑选。敢情，这玩意儿就是中国宋代男版"芭比娃娃"啊！

宋代七夕市场上的爆款玩具

磨喝乐不是人们的精神偶像吗？为何越说越像玩具了呢？

从文献记载和历史研究来看，磨喝乐神进入中国之后，经过本土化演绎，在唐宋时期成为七夕供奉和赏玩的偶像；但如何从偶像演化为玩具的，学术界至今未有定论。

唐代，妇女们七夕节用来求子的"化生"风俗，用的就是蜡质版磨喝乐。和宋代的磨喝乐一样，首先，它们都是"乞巧""宜男"的祈祷品与崇拜偶像。只是到了宋代，人们将牛郎织女的故事情节依附在佛教典故中，为磨喝乐演绎了一个更完整、更生动的，更有民俗文化色彩的故事。

从神到偶像，是磨喝乐世俗化的演绎；让它真正接地气的变革，则是它正经成为孩童们手中的玩具。

商品经济兴盛的宋代，不仅有了玩具，而且玩具市场空前繁荣。更前卫的是，玩具还分为常规款和应季款，也就是现在我们所说的大众版和限量款。比方说，人们通过对宋代画家李嵩《市担婴戏图》的观察发现，"可辨识者有如下诸种：小鸟、鸟笼、拨浪鼓、小竹篓、香包、不倒翁、泥人、小炉灶、小壶、小罐、小瓶、小碗、六角风车、雉鸡翎、小鼓、纸旗、小花篮、小笊篱、竹笛、竹箫、铃铛、八卦盘、六环刀、竹蛇、面具、小灯笼、鸟形风筝、瓦片风筝、风筝栊、小竹椅、拍板、长柄棒槌、单柄小瓶、噗噗噔等等"，数目之大，品种之多，简直难以想象。只要你细细去看看宋画，就能发现，那些货郎的挑担下，就是一个百宝箱。

以上品种都是大众和孩子们心中的"普货"，要说到孩子们心中的 NO.1，还是磨喝乐。在众多玩具中，磨喝乐能够突出重围,成为宋代七夕节的吉祥物和当仁不让的"霸市玩具",不得不说,它的魅力是无法替代的。

为此,甚至还在七夕兴起了一场因磨喝乐而起的"超级模仿秀。"根据《东京梦华录》里的记载:"七夕前三五日,小儿须买新荷叶执之,盖效颦磨喝乐,儿童辈特地新妆,竞夸鲜丽。"模仿进一步推进了磨喝乐的流行,一时之间,成为七夕独特的一种娱乐时尚。

人们将磨喝乐改造成人见人爱的小儿形象,正是乞巧的妇女们的渴求。因此,它才能成为广大妇人们的精神偶像,更是孩童们最好的七夕玩伴。

磨喝乐,在一定程度上促使七夕成为一个全民狂欢的节日。七夕节制作、售卖、供奉"磨喝乐"发展成为一项大家喜闻乐见的节日习俗。

如今,尽管磨喝乐早已风光不再,但它在一个节日中发挥的"精神主导"的力量却值得回味。因为磨喝乐,七夕更有趣!

拜织女、拜魁星

不过是一场游戏一场梦

七夕的夜晚,一场场极富诗意美的雅集在中国各地悄然兴起。一个个窈窕少女身着传统汉服,淡扫蛾眉,在温柔的月光下,焚香赋诗、玩飞花令、品茗赏乐、品尝时令瓜果……这是一次传承美、传播美的聚会,也是最时尚的中式生活。

她们以这样的方式庆祝古老浪漫的七夕节,这是对当下生活的感怀,是对东方美学的延伸,也是对古代七夕"拜织女"活动的新发展。

女朋友们的聚会:一切只为更美

几百年前的七夕,有一个重要的活动就是"拜织女"。这项活动没有男人们参与,是一场纯粹的"女朋友们"的聚会。

七夕前夕,一张张邀请帖从主办者家中发出。张家的夫人收到了帖子，李家的大小姐也收到了帖子……围绕这场雅集的准备活动也开始了。作为主办者，也就是当年七夕雅集的主人家，要在七夕之夜前准备好招待女眷们的茶、酒、瓜果等；鲜花、美器、美盏也要悉数尽备，最重要的，是要置办五子（桂圆、红枣、榛子、花生、瓜子）作为祭品。总之，一切好玩的、好看的，以及好吃的都要准备妥当。

那收到请帖的小姐姐们呢？第一件事情当然是翻箱倒柜找出最新款最美丽的衣服啦！"穿绿的好看？粉的好看，还是鹅黄的好看？"张夫人对着铜镜，一遍遍自问。"我应该戴这根银钗还是簪花呢？"李家大小姐也表示拿不定主意。于是，相约去逛街吧！今年的最新款？要不还是定制款吧！一切准备就绪，还要在七夕前日斋戒一天，沐浴停当。为了这一次的雅集，大家也都是拼了！

昔日跪求小心愿，今日学得一雅集

终于到了七夕夜，丝竹之声从院子里飘了出来。大门打开，一排排灯笼为大家引路，青青的石板路看上去被泼过水，没有一丝轻尘。小姐姐们手执团扇，鱼贯而入，霎时，荡漾起银铃般欢快的笑声。

吉时已到，十来个人围聚在一起，"拜织女"仪式正式开始。小姐姐们依次点上一炷香，对月而拜。之后，进入有趣的游戏环节。吟诗作对必不可少，行酒令也可以走一个。大家围坐在一起，一边吃着东西，一边闲话着，直到午夜时分。夜深人静，灯火阑珊，正是织女下凡吉时。大家停下游戏，将院子里的香烛通通点亮，朝着夜空中织女星座跪拜，默默祈祷。至于她们的小心事？少女们定是希望来日嫁得如意郎，妇人们或是祈盼早日得子吧！

祈祷完毕，并不意味着雅集就结束了。大家还可以继续吃喝、游戏，直到深夜方才散去……

在广东的广州、佛山等地，七夕拜织女还被称作"七姐诞"。这场盛会只属于少女们，已婚女子是不能参加的。但是，新婚后过第一个七夕节，新妇也是有一个"辞仙"仪式要做的，时间也不在七夕当晚，而是农历七月初六。这一天，新妇们要准备牲醴、红蛋、酸姜等物祭拜，意取"得子"；另外，还要加上雪梨或者沙梨，以此正式和自己往昔的"姑娘"身份辞别。

在今天,"拜织女"的习俗已不多见,但以此之名,在七夕搞一场雅集未尝不可。雅集,更为讲求的是雅兴。诗词歌赋、琴棋书画、茶酒香花,这些中国传统雅文化元素,最是现代人可以聊以慰藉的精神食粮,更应当是中国人追求的时尚生活。

金榜题名、高中状元,七夕"白日梦"可以有

七夕这天,小姐姐们流行"拜织女",小哥哥们呢?他们可不是拜牛郎,他们要拜的是魁星。

农历七月初七这一天,还是魁星的生日。在今天的闽东一带,依然有七夕"拜魁星"的习俗。在这一天的晚上,大家会在庭院里摆上"拜织女""拜魁星"两张香案。两个不同的小天地,共同营造了七夕之夜。

"拜魁星"分为哪几个步骤呢?首先,需要一个"魁星"。用纸来糊一个魁星,高约二尺,宽五六寸,要蓝面环眼,锦袍皂靴,左手斜捋飘胸红髯,右手执朱笔。感觉有点凶?这就对了。说实话,魁星长得真的不好看,脸上长满斑,还是个跛脚。但这有什么关系呢?人家原本就不是靠颜值取胜的。

接着,需要准备祭品。熟羊头扛上来!请注意,还必须是留须带角的公羊头,要在两只角上系上红纸,然后,再恭敬地放入盘子,摆放在魁星像前。另外,诸如茶、酒、小吃等,就根据自家的情况和偏好来准备了。

到了七夕的晚上,先放鞭炮,再焚香,这样的礼数是必不可少的。而后,在月光与烛光的映照下,开始拜魁星仪式。整个仪式庄严而美好。随后,小哥哥们的热闹七夕宴也就正式拉开帷幕了!大家边吃边饮,畅所欲言,还有一项"取功名"的游戏来助兴。这项游戏一听名字就跟科考有关。没错。取桂圆、榛子、花生三种干果,分别代表状元、榜眼、探花。坐庄的一人,拿这三种果子往桌子中间投,大家都嚷着"桂圆桂圆!"Why?因为小哥哥们认为,桂圆滚到谁身边谁就是状元!相应的,得到榛子的就是榜眼,得了花生的自然就是探花。第一轮过后,"落榜"了怎么办?别急,还有复试啊!总之,这场游戏会一直玩到所有人都"金榜题名",保证不让一个人掉队!游戏结束,准备散场了。此时,便又放起鞭炮,再将"魁星"和纸锭一起焚烧,一场"拜魁星"功德圆满。

延续至今的七夕拜神仪式

在今天,我国有的地方依然还有七夕拜神仪式。

比如,广东潮汕人会在七月初七拜公婆神,由母亲带着15岁以下的孩子祭拜。祭品有饭、甜丸、粿品、鱼肉、纸钱等,祭品逐年有所增加,至15岁"出花园"(是广东省潮汕地区一种独有的传统民俗,属于成人礼习俗,有的地方定为虚岁十五岁)时最为丰盛,以谢公婆神多年来为孩子"保驾护航"之恩。

在台湾，素有七夕除拜七娘妈（织女）的习俗，除此之外，还有拜"床母"的习俗。"床母"是儿童的保护神，祭祀的物品一般是油饭、鸡酒（或麻油鸡），焚烧"四方金"和"床母衣"。希望床母庇佑孩子平安长大，但也不能拜太久，怕床母会宠孩子赖床等。

染指甲

指甲油跟凤仙花一比，输了输了

现在的姑娘，没事儿的时候都喜欢去做个漂亮的指甲。但你知道么？染指甲这种事儿都是古代女生们玩剩下的啦！"十指红蔻丹"竟是古代上流社会的象征！

美甲：一场风靡了几千年的活动

染指甲从什么时候开始兴起的呢？大概是在周代就有了。彼时的美甲是用金银打造的，用得起美甲的人，正经是"白富美"一般的存在。到了唐代，美甲就算是"飞入寻常百姓家"，唐代美人几乎都染甲，有一首诗这么描写的"十指纤纤玉笋红，雁行斜过翠云中。"这条信息告诉我们，唐代的美甲已经从周代的"金指甲"演变为"红指甲"。到了宋代，丽人们沿袭唐时风尚，以红指甲为美。再往后，从元、明、清代的文字记录可以看出，

美女们依然是偏爱红蔻丹的。

这红指甲是怎么染上去的？总不是现代的化学制剂吧！据说，中国古代最早的美甲方法是制作假指甲。一般用金或银等贵金属打造，还会镶嵌宝石，有些还会加入复杂的景泰蓝细节。

这样的美甲方法一是造价昂贵,再者,应该也比较厚重吧?!于是,一种更为环保,更为绿色,也更为经济的染甲原料出现了——它就是凤仙花。

环保染指甲,当数"七夕之花"

在我国大部分地区,每到夏秋季节,凤仙花大片大片地开。它很好养活,能晒太阳,能耐贫瘠。每当凤仙花一开,很多人会摘下它的花瓣,涂得十个指头全是夸张的红色。凤仙花也叫指甲花,在七夕的那天,大人们甚至还会督促孩子,快用凤仙花染指甲,辟邪哦!

七夕用凤仙花染指甲起源于何时也是众说纷纭,不过,唐宋时期颇为流行确是毋庸置疑的。

七夕染指甲,不仅是一件美事,更是一款大人小孩都热衷的游戏。"七月七日为乞巧节,童稚以凤仙花染指甲。"这样一件好玩的事情,大概没有小孩子不喜欢。当然,大人们也会编出一个故事:蛇是害怕碰到凤仙花的,所以用凤仙花染了指甲,蛇就不敢靠近小孩儿了。年轻的姑娘们则安慰自己,用了凤仙花染指甲,就能嫁得一知心人。妇人们也会在这天染指甲。她们觉得这样染过指甲的手指干起活来会更利落。心理暗示是一方面,更多的应该是找个适当的借口比美吧!而凤仙花作为装扮玉手的"头号功臣,"也获得了"七夕之花"的美誉。

元末明初的诗人杨廉夫在《美人红指甲》中写道:"金凤花开色更鲜,佳人染得指头丹。弹筝乱落桃花瓣,把酒轻浮玳瑁斑。"纤纤玉指,撩拨琴弦,这画面真是撩人心弦。清人洪亮吉则在《十二月词之七》中写道:"七月七日侵晓妆,牛郎庙中烧股香……君不见东家女儿结束工,染得指甲如花红。"这段记录清楚地说明,染指甲已经成为七夕节一项常见的习俗。

愿在佳人指上香

时代发展到今天,指甲油已经更新换代了 N 次。若是想体会到真正的原汁原味,你也可以尝试一下凤仙花染指甲的技艺。

首先,需要一些凤仙花瓣。凤仙花有很多种颜色,大红、紫色、粉色、白色,用来染指甲最好选用大红色的花瓣;然后,还需要一些宽大、柔软韧性好的叶子,准备好线绳、明矾或者盐。

一切准备就绪。将花瓣尽可能捣烂,涌出花汁,再加入少量明矾或者盐,便可以用来染指甲了。刷的技巧其实和现代人刷指甲油差不多,均匀涂抹在指甲上,覆盖好就可以。最关键的一步是,要用叶子把指尖裹好,再用绳子缠好,如此等待一夜,上色就很完美了!这样的染甲方式可以保留多久呢?据晚清富察敦崇《燕京岁时记》中记载:"凤仙花即透骨草,又名指甲草。五月花开之候,闺阁儿女取而捣之,以染指甲,鲜红透骨,经年乃消。"

这经年才消着实有点夸张了,但是保持个几天甚至半个月应该是不成问题的。除了天然、有趣,凤仙花本身也是一味中草药,据说,对灰指甲有着辅助治疗的奇效。

环保、持久、寓意吉祥,还有药效,这哪是现代指甲油能比拟的啊?!难怪古话说:"此花已有神仙福,愿在佳人指上香。"

七夕佳节,花为媒,香艳指甲,得引良缘。

洗发、接露水

神奇的七夕"全能水"

七夕是个浪漫的节日,也是个神圣的节日。据说,这一天的泉水,是圣水,可沐浴洗发;这一天的露水,是牛郎织女的眼泪,可入药。

圣水到,洗发正当时

七夕取水,妇人洗发,这样的习俗在湖南、江浙一带的史料中均有记载。湖南湘潭地区的《攸县志》记载:"七月七日,妇女采柏叶、桃枝,煎汤沐发。"柏叶,就是柏树的叶子,味甘,性微温,有凉血止血、化痰止咳、生发乌发的功效;桃枝,为蔷薇科植物桃的干燥枝条。夏季采收,切段,晒干,具有活血通络,解毒杀虫的功效。可以得见,这两样都是乌发用的极好的东西。这样的配方,为何偏偏要选在七夕这一天使用呢?

七夕这一天夜晚,牛郎织女相会鹊桥之上,滔滔银河水也为之动容。于是,爱编故事的中国古人将七夕这一天的泉水、河水都赋予了神圣的力量。他们认为,这一天,普天下的水皆同银河水一般,有的地方甚至直接称这一天的水为"天孙(即织女)圣水"。

既然赋予了圣水的寓意,那自然是饮得、用得,且多有裨益的。而身体发肤受之父母,爱惜头发的古代女性,便觉得这一日沐发更有特殊意义。于是,女子们相约七夕时去河边、泉边打水,带回家中煎汤,冲洗三千烦恼丝。这带着药香味的汤水气味袭人,沐浴过后,便觉从头舒展,很是惬意。

除了用柏叶、桃枝煎汤外，也有用皂角树叶的，还有用槿树叶的。皂角叶大家都知道，不仅可以通畅毛囊，洗去多余皮脂，更有防脱发和乌发之功效。就是现在，也有不少皂角洗发水深受欢迎。槿叶，则是一种名为槿树的叶子，在如今江南地带仍随处可见。用槿树叶洗头，不仅可以祛除头屑头癣，还可以润泽秀发。

如此大费周章的仪式感，若只是为了有一头秀发，好像有点不够意思？如果能加入一点额外的福利，那就差不多了。比如，求姻缘、求子。如此美好的一天，当然是需要心想事成的。于是，人们赋予了圣水这道魔力：在七夕这天洗发，不仅可以使秀发更美，未婚的女子可达成迅速嫁得如意郎君的心愿，也可获得织女的护佑。

挑回七夕水，轻松治眼疾

七夕水如此神通广大，如果仅仅是女人能拥有的福祉，对男人们、孩子们也是一样。七夕这一天，就不要睡懒觉了。早早起床，去井边挑水回家，用一口新的大缸储存起来。这水，据说能治疾明目。在清朝雍正《广东通志》载，"家汲井华水贮之，以备酒浆，曰圣水"；光绪《惠州府志·风俗》则曰："七夕，男女晨起担水贮之，谓'七夕水'，饮之可以治疾明目。"

除了储水，古人还用脸盆去接七夕的露水。他们相信，这露水一定是牛郎织女流下的幸福的眼泪,非常珍贵。用这样的露水涂抹眼睛和手,不仅可以治疗眼疾,还可使人眼明手快。如果用来给小孩子煎药驱虫,效果也很好。

七夕水的神通,蕴藏着中国人的生活智慧

用七夕水洗发、抹眼睛这样的习俗到现在也没有失传,甚至在有的地方,还玩出了更多的花样。比如广西靖西地区,壮族妇女们在这一天会下河去洗发。她们认为,七夕节仙女们下凡到人间,也是在河里洗澡的。所以,这一天河水会格外清洁甘甜,富有神效。

在江西樟树,有一味以松柏为药材的秘方,必得是用七夕这日的露水调和才可得。据说,这药丸得之不易,因而服一丸便可延长寿命十年,服两丸可延长寿命二十年。

这样的传说,都寄托着中国古人对七夕、对生活的美好夙愿。特别是一些时令药方,在今天看来,虽不至于古人形容的一般的神奇,但也确实是顺应时节,顺应自然的良方,用以清暑涤热,解毒排毒都是多有神益的。可见,七夕不仅是个浪漫的节日,也是一个充满生活智慧的节日。

游七姐水

那些说不清道不明的神奇功效

比起七夕这日接露水,打泉水,两广地区的人玩得就更大气:直接跳进江河里游泳。七夕炎热,潮湿的两广地区更甚。自古以来,就有"南方岚湿不常"的说法。如今商业繁华的两广地区在古代竟然是个人人谈之色变的地方。自汉代开始,人们普遍认为"岭南卑湿,丈夫早夭"(《史记·货殖列传》)。彼时,南方不像现在这么发达,环境恶劣,的确有很多外地人来此水土不服。

那时的人们认为:湿气重的地方,瘴气就重。再加上夏日温度高,露打雨淋,体内很容易积聚毒素,风湿、关节炎、皮肤病等麻烦也找上门来了。除了日常饮用一些消暑凉茶,还需要借助一些大自然的力量。

以七姐水之名，下河撒欢

如果你也想见证七夕水的神妙，那么不妨在七夕节去广西梧州。梧州人口中的七姐水，就是桂江水。相传，七夕这天，因为有仙女下凡到江中洗澡，所以这一天的江河水也沾上了仙气。人们只要游了七姐水，就能防病消灾。这样的说法代代流传。从七夕这天的凌晨开始，一直到中午12点，到桂江里游泳的人总不见少。小孩子来游，因为可以辟邪保平安；未婚青年来游，因为可以成就一段良缘；已婚夫妇更要来游，因为可以求得生活和谐美满；老年人也要来游，如此可得健康长寿。人们在江河里嬉戏、打闹，以此庆祝七夕的到来。

在广东的肇庆等地，七夕这一天的江河水也笼罩上了神秘的色彩。就像人们认为七夕的泉水最为甘甜、水质最好一样，这里的人们认为七夕的河水最为清凉，还有不可言说的"药效"，特别是小孩子洗身后，小身板会更加强壮。所以在这一天，父母都要将孩子们赶下河去，自然，也没有哪个孩子是不乐意的。夏天嘛，本就应该是撒欢儿的季节。

七姐水泡上好茶

人们不愿糟蹋了七姐水，于是，想出更多花招来，可谓将七姐水的"功效"发挥到极致。这一天，游七姐水的梧州人通常还自备了一些瓶瓶罐罐，用来装七姐水。坊间一直有传言，七姐水放置多久时间都不会变质，是上等的神来之水。若是用来酿醋，这酿出的"七醋"色鲜味美，堪比顶级老陈醋；若来熬药，可达到增加药力的功效；甚至用来腌制泡菜，也会泡出一番不一样的味道。在梧州人眼中，七姐水早已被请上了神坛，因此，又有圣水、七水、七月七水之称。

如果你嫌游七姐水太过喧闹，不妨去喝一碗七夕的六堡茶。六堡茶，也是梧州人离不开的东西，是梧州地地道道的本土货。

好茶需好水，好水泡好茶。七夕清晨，茶舍的主人会起个大早，带上一只大大的木桶出门。山里雾气凝重，像下过雨，林荫茂密，苍翠欲滴。这日的泉水，清甜有加，每舀一瓢，便在心里感念织女一遍。带着美好的念想，取回这水，炉上细火慢煮。待到第一波客人进门，便能喝上这一年第一口的七姐水茶。这茶香，不轻不飘，一点点将茶舍充盈；这茶水，清甜淡雅，清火祛湿……主人与来者，皆因此醉了。大自然的疗愈作用，一口一口满满体味。

在广东惠州，则会专为女性泡一壶七色花水。七色花，就是选用七种无毒性的花，比如盛夏时节最常见的茉莉花、玫瑰花、米兰花、金银花等。据说，饮了七色花水，人会更美。也有人将这些花泡上一整天来洗脸，为的也是求个动人的容颜。

七姐水到底有没有如此神奇的功效，实则无须深究。人们无非是图个吉祥，就像春节要贴福字，要说吉祥话是一样的道理。

上善若水，水善利万物而不争。游七姐水、饮七姐水，都表达了中国人崇尚大自然，与大自然和谐相处的愿望。如果非要提到七姐水那些说不清道不明的神奇之处，大概也是大自然对人类的回报吧！

葡萄架下听悄悄话

中国孩子的童年回忆

以前,城市灯火还没有那么耀眼,七夕这一天的夜晚还能看得见银河,牛郎星和织女星在银河的两岸格外亮。

放暑假的孩子,功课也不繁重,到了七夕,嚷嚷着叫大人早点回家来做饭吃,因为晚上已经约了小伙伴一起去葡萄架下听牛郎织女说悄悄话。

牛郎织女的故事,是孩子们早就烂熟于心的,七夕节一些旧时的风俗已不流行,唯一能做的就是去葡萄架下候着。

夕阳西沉,黑夜一点点深邃下去,半个月亮爬上梢头,漫天的星辰令人着迷。小一点的孩子还认不得牛郎织女星,着急地拉着大人问在哪里。大一点的孩子可没有那个耐心,一群人跑到小卖部人手一支冰糕,然后一溜烟地便跑去"夜听集合地"了。

找一棵葡萄藤,一群人蹲在葡萄架下,轻声细语,竖着耳朵听,生怕惊吓了牛郎织女。听着听着,这个孩子拉一下那个

孩子,那个孩子又拍拍另一个孩子,气氛越来越热闹,声音越来越大,激动时,甚至有人会蹦起来,别说听牛郎织女的悄悄话,估计是牛郎织女大声说,也早被这沸腾的场面淹没了。

七夕的夜晚,蚊子可真多啊!用不了多久,便有一些"逃兵"借故被咬得受不了,早早离开。渐渐地,人越来越少,最后只剩下两三个执着的人。这俩仨人也是要起内讧的。比如,会有人先嚷,怎么还没听到说话呢?另有一人肯定会说,还不是因为你太吵了,都听不见了!……天色越来越暗,夜风渐渐带走暑气,葡萄叶沙沙作响。

终于扛不住困意,一群孩子一个个被大人揪着回家了。毫无收获的人儿自然不肯离去。大人们便使出撒手锏,指着天上的牛郎织女星说,你们快看,那两颗星还没有靠近呢!肯定是今天的喜鹊偷懒,牛郎织女还没见上面儿呢!小孩子一听,伤心了。

在小孩子纯真的愿望里,就是单纯地希望牛郎能和织女相见,这样,他们的孩子才能见到妈妈。

年复一年,小孩子们依然会在七夕夜去听牛郎织女私语,虽然从来也没有真正听到过。

葡萄架下听悄悄话,大概是七夕最美丽的谎言,却藏着多少中国孩子简单、智趣的童年。

日本韩国的七夕

风同源,习同俗

日本:从乞巧奠到孩子们喜爱的节日

与我们一衣带水的日本,自古也有过七夕的民俗。据称,这一民俗自日本奈良时代由中国传入日本,与日本本土的祖灵信仰和棚机津女信仰融合,包含了更多与日本佛教"秽祓"思想,颇具日本特色,现在已经是日本夏季最为传统的节日之一。

最初,七夕节在日本被称为乞巧奠。从名字上可以看出,这也是一个以乞巧为主题的节日。而最初参与这项活动的仅仅是贵族。在江户时代,乞巧奠自宫廷传到民间,便成为普天同乐的一项民俗活动。

日本的某些地方将中国的七夕节由农历的七月初七改至新历的七月七日,但北海道、仙台等地会推迟一月来过,也就是新历的八月七日,这就又和农历的七夕节时间大致相同了。

因为七夕的传入，日本人对牛郎织女这对中国神仙夫妻也是非常熟悉的。和中国人一样，他们也希望在七夕这天得到织女的恩赐，拥有一双巧手，一些巧思。

所以，日本也有类似中国的乞巧的活动。江户时代开始，日本人将自己的愿望写在五彩纸上，日语里叫"短册"，然后绑上丝线，系在竹枝上或放入江河中。他们认为，这样就达到了乞巧的目的，愿望也会实现。

渐渐地，这样的活动越来越受到日本小孩子的欢迎，内容也不仅仅是祈愿手巧。因此，七夕节像个亲子节一样，受到越来越多日本家庭的重视。孩子们将自己小小的心愿通过纸签告诉织女娘娘，希望织女能满足他们。

在日本，七夕和人日（1月7日）、上巳（3月3日）、端午（5月5日）、重阳（9月9日）一并列入日本的五节供，是国家的固定节日。每年七夕节前夕，在日本的各大商场、超市，都能看到商家们为七夕节做的准备。到处可见供人们写愿望的纸条和挂愿望的柳枝。安城、仙台和平塚更是被称为"日本三大七夕"。

韩国：传统面食是七夕大餐

韩国的七夕也是自中国传入，日子也是中国的农历七月初七。据韩国文学家崔南善在《朝鲜常识》中记载：高丽时代，恭愍王跟蒙古王后一起祭拜牵牛和织女星，并在那天把俸禄发给百官。

韩国的七夕节，起初和中国别无二致，也有乞巧、晒书、供果焚香等活动，另一个重要事宜就是祭祀。祭祀的主角是女性，一般是为了祈愿家人平安，还有的也会举行家庭祭祀，祈祷丰收。不过，现在这样的习俗已经不多见，韩国人对七夕的延续和发展主要体现在饮食上。

在七夕这一天，餐桌上会端上新鲜的水果，另外，一些传统的面食，例如麦煎饼、蒸糕等也是韩国人七夕餐桌必不可少的美食。

第三章

七夕
吃出来的
心灵手巧

中国人信奉"民以食为天"。在中国,每一个节日、每一个节气、每一个重要的日子,都和食物有着深深的关联。食物,是大自然的产物,汲取天地之精华,中国人敬畏食材,敬畏天地神明。

七夕节,虽然只有短短一天,但围绕这一天,人们要做大量的准备。其中最重要的,就包括食物的准备。比如,要事先准备好"拜织女"的供品。这其中,又包括茶、酒、时令水果等等。准备哪些,准备多少,都有严格的讲究。

就像元宵节,我们总要吃点元宵以求团圆;端午节,要吃粽子祭奠屈原;七夕,我们也要做点东西出来,乞乞巧,求个姻缘和顺吧!因而,这一天的吃食,倒真的有几样和"巧"分不开。

从中国的七夕食俗中,看得到前人、今人对生命的尊重,对生活的美好祈愿,以及中国人自始至终的精神富足。

巧果

样子讨巧,寓意又好,你还真不一定比古人做得好

正如端午的粽子、中秋的月饼一样,七夕也有"主打美食"——巧果。从字面意义上来看,正如吃元宵是为了祈求团团圆圆,吃巧果自然有祈祷手巧的寓意。这当然也跟七夕的主角——织女有关。毕竟,织女是"全宇宙第一等手巧人",在这一天做巧果,姑娘们也是希望"织女啊,请赐予我一双巧手吧!"

巧果不是水果,而是一种面粉做的点心。果子一词,最早出现于唐代,意思就是点心、小食。第一个做巧果的人是谁?据说是一个名叫小巧的姑娘。

很久很久以前,小巧非常倾慕牛郎织女,也同情他俩的遭遇,于是,在每年七夕这天,小巧便会做一些小点心,在七夕夜晚焚香供奉。小巧的心意感动了当地的土地公公,他将小巧的事迹上报至天庭。玉帝深受感动,虽然无法赦免牛郎织女,却让月老牵线,赐予小巧一段美满的姻缘。小巧夫妇恩爱和美,

众人羡慕。于是，大家纷纷效仿小巧，在七夕做出各种果子，以求能和小巧一般，姻缘幸福。这便是巧果的第二层寓意。

巧果还有第三层寓意，迎接丰收。农历七月初七，谷物颗粒饱满，丰收在望。农谚有曰"六月六看谷秀，七月七看谷米"。七夕前后，正值立秋之时，因而，也有迎秋的用意。

做巧果的习俗从古流传至今，因为它实在是一道好看又好吃，而且深受孩子们喜爱的美食。七夕这一天，在我国很多地方，特别是山东、江浙沪一带依然流行做巧果。巧果的做法难不倒以面食为主食的山东人。最传统的做法是：将面皮切成一两寸长的条形，然后放入滚烫的油锅里，炸至金黄色，再把炸好的面皮捞起来，立即撒上芝麻、白糖，酥脆香甜。还有一种更好玩的做法：就是在面粉中加入鸡蛋和糖，用油和面。面和好后，揪成一块块的，摁进模具里，根据模具的形状，出来后的巧果便是什么形状。最后放进烤箱一烤，大功告成。这样的做法深受现代人的追捧，也成为七夕节非常棒的亲子游戏。

各式各样的巧果，其实也不是现代人的发明。七夕的北宋街市，就可以买到巧果了。《东京梦华录》中，称之为"笑厣儿""果实花样"。样子甚至比现代人做得更好看。在那个年代，就已经出现了以木

头为原料的模具,据说,当时的北宋人流行做苹果、石榴、梨、小鸡、小猪、小狮子、金鱼、虾等各种图案的巧果。这些巧果甚至还有颜色,有人还将巧果串成串儿,涂以红色,挂在小孩项间,也是一种好的寓意。人们在各自取乐和享受美食的过程中,也没忘了天上那对"苦命鸳鸯",他们将巧果抛掷到屋脊,因"巧"和"桥"谐音,也就是说,请喜鹊衔着巧果去搭桥,让牛郎织女夜渡银河相会。

七夕又至,你吃巧果了吗?油面糖蜜果腹,希望牛郎织女的今天也是甜蜜的吧!

巧巧饭

三个特别抢手的饺子

到了七夕这天,女朋友们相约一起玩一种"吃什么就是什么"的游戏,这事儿发生在山东。

巧巧饭不是一种饭,而是饺子。吃巧巧饭的姑娘最好凑足7个,就像天上的七仙女一样。在这一天,大家要各自准备一些蔬菜和面粉,聚集在一起包饺子。这饺子里面可是暗藏玄机的,因为其中有三个饺子"特立独行",它们分别被包进了铜钱、针和红枣。说到这里,你已经猜到了一大半。是的,在中国传统佳节春节和元宵节,也流行玩这样的游戏。大家喜欢在饺子或者元宵里包一些寓意吉祥的食物,吃到的人总是特别有福。

终于到吃巧巧饭的环节了!姑娘

们都睁大了眼睛,想要找到自己心属的那一个。有人咬到了铜钱,恭喜!这是一位有福的姑娘!有人小声地"哎哟",原来是咬到针了。没关系,这代表你会变得十分手巧!还有一个"王炸"没有出现,大家都十分焦急。终于,这颗枣被吃到了!这可是姑娘们最想得到的一个,因为大家说,吃到这颗枣,定会早早结婚,早生贵子。吃到这颗枣的小女子,便像得了一颗定心丸,又像是收到新娘的捧花一般,面带桃花,认定自己的缘分和幸福很快就会降临。

吃鸡

帮不上忙也别帮倒忙,只能说声对不住了

七夕吃鸡,大吉大利!

原来古人就已经流行"吃鸡"游戏了,这话怎么说呢?还是得从牛郎织女说起。

七夕之夜,牛郎织女鹊桥相会,已是王母娘娘的法外开恩。时间紧,任务重,谁不知道牛郎织女憋了一整年掏心窝子的话要说呢?于是,能帮忙的都要出来帮忙,帮不上忙的创造条件也要帮忙。

首先,全天下的喜鹊都会倾巢出动,在短时间内迅速搭起一座鹊桥,为牛郎织女最大限度地争取时间。这其中,有一些鸟儿因为实力不够,或者体力不足,飞不上天,很可惜,它们都会幻化为鸡,终身为禽,永远飞不上天。这些鸡待在地上也没干什么好事,每到拂晓时分,便开始打鸣。王母娘娘规定:天亮鸡一叫,牛郎织女就得分开。

善良的人们实在不忍心拆开他们,于是,他们心生一计:每到七夕节,便将自家的公鸡用筐扣在屋子里。他们觉得,只要换了陌生的地方,公鸡就会害怕,便不会乱叫了!如此,牛郎织女便可以多相守一会儿。

当然,这样的方法好像也不能从根本上解决问题。于是,他们又想出了一个办法,虽然这个办法对于鸡来说有点残忍:七夕这天,干脆杀一只鸡,这样,便无公鸡报晓,而牛郎织女终于可以长相厮守了!

在今天看来,虽然这有点像个"馊主意",但却表达了中国古人渴望家庭团圆、和美的美好夙愿。从那以后,七夕吃鸡,成为很多地方约定俗成的风俗。在如今的浙江,特别是金华地区,依然保留有七夕吃鸡的习俗,只是现代人已不拘泥于吃公鸡,就是母鸡也是通吃的!

瓜果

当一回"吃瓜群众",求一份桃花运

七夕的夜晚,案台上一定不能少了时令瓜果。最常见也最受大家追捧的,一定是西瓜。七夕前后,正值立秋。啃瓜,是立秋时节的一大习俗,也成为七夕的一大习俗。

宋代的七夕街市上,有西瓜出售。这西瓜个个汁水饱满,果肉香甜,男女老少咸宜,尤其受到小孩子的喜欢。据说,旧时宁波人不仅吃瓜,还会制作瓜灯,为乞巧助兴。宋代庆元(今宁波)知府吴潜的一首《鹊桥仙》写道:"馨香饼饵,新鲜瓜果,乞巧千门万户。"简简单单几个字,为我们勾勒出一幅有色有味的七夕乞巧图。

小时候,我们经常用吃过的橘皮做一盏小橘灯来玩,也是受了冰心先生的启发。其实,古人制作瓜灯和制作小橘灯的方法异曲同工。都是先将西瓜的瓤肉挖出来,留下一个西瓜外壳;然后,要在西瓜的外皮上雕刻各种精美的浮雕图案;最后,在

瓜内点上一支蜡烛,一盏好看又实用还应景的西瓜灯就大功告成了。

有好吃的,还有好玩的,七夕的乐趣简直挖掘不完。

花前月下,瓜田蛙叫。一切都准备就绪,就等你安安心心来做一回"吃瓜群众"啦!

除了西瓜外,桃子也是七夕的应季水果。七夕,是牛郎织女夫妇二人团圆的日子。这一天,姑娘们都会摆上桃子作为供果,而后,自己也会吃上一个。因为桃子的"桃"字带有桃花的意思,而桃花又暗喻爱情。想要将一份好兆头吃进肚里,应该再没有比桃子更合适的了。

除此之外,葡萄也是七夕的时令佳果。除了葡萄确实是在七夕前后成熟之后,大概还因为在葡萄架下听私语,最方便"顺手牵羊"吧!

巧芽面

豆芽做主角,七夕头一回

七夕要种生,种生的东西,是绿豆、小豆等,以水浸之,没几天便会出又嫩又生态环保的有机豆芽。

发豆芽这项技能,现代人也经常用到,甚至还发明了各种新式的豆芽机。一则,从古到今,人们都喜欢食豆芽;二则,发豆芽也不是件费力气的事。古时,因为大家都流行在七夕前夕发豆芽,到了七夕这天,自然要想些名目和办法吃掉它。

宋朝的时候,吃豆芽就已经很流行了,那时候,豆芽主要做凉拌菜,与笋、菌类同列为素食鲜味三霸。到了今天,吃法更多了,花样也更多了,在今天福建很多地区,依然流行七夕食豆芽的风俗。

比如,来一份巧芽面吧!巧芽面的做法可以依照自己的喜好,坐锅热油,加入肉丁、葱花、姜粒、酱油等爆炒,再将豆芽炒熟,再放入面条翻炒,就是一盘香喷喷的炒面。如果想要吃得清淡点的，也可以先将面条煮熟，再煮一锅豆芽汤，用豆芽汤焖面即可。其实，每个人都是潜在的美食家。怎么吃没关系，重要的是求一份生活甜甜蜜蜜的好兆头。

如果还有没吃完的豆芽，还可以效仿古人乞巧。如《郧县志》载，"至是夕，妇女幼稚焚香于庭，献天孙以乞巧。用瓷碗盛水，取芽投之，复于月光下照之，影如彩针、花瓣，或似鱼龙游戏，谓之'得巧'。"

又能吃又能玩，真是没想到，豆芽和七夕，也是绝配呢！

七夕面

有巧意,有生活

七夕的时候,有的地方要吃巧芽面,还有一些地方吃一种叫作云面的美食。巧芽面,主角是豆芽;云面,主角则是面条。

面要吃七根,还要挑得高

云面,光听名字就特别文艺,其实它的做法更加文艺。要做一碗云面非常不容易,因为它要用到七夕这天的露水,取的就是这一天的巧意。

如果你想吃一碗云面,就去山东临沂吧。不过,这碗面可能会让你吃不饱。这是因为,七夕的面条据说只能吃七根,这样亲人之间才能永远心连心。光吃独食自然也不行,别忘了往天空抛撒两根面条,这是为了犒劳七夕这天的"劳模"——喜鹊。

七夕这一天做面,也是可以循一些旧例的。比如,不妨做

抻面，又称拉面、大拉面，是一种独特的传统面食。据说，抻面象征着巧，而且寓意能屈能伸，有韧劲。还有人说，丈夫为天，妻子为地，面抻出了头，天字就变成了夫子，寓意丈夫可以闯出一番事业。

面做好了，吃面之前，要先给织女摆贡。吃面的时候也有讲究。小孩子一般对筷子的运用还不是很熟练，大人们总会说，筷子要握长一点，吃面要挑高一点。一些调皮的小孩儿干脆站起来，把面拖得到处都是……大人们也并不责怪，反倒十分高兴。大概老话里说，吃面就是挑寿，面越是挑得高，人就越长寿。

七夕来碗长寿面，蕴藏着节气的智慧

  七夕，夏日正当时，暑热侵袭之下，很多人都没有食欲。面条本身就有易消化、促进食欲的功效。于是，七夕吃碗养生面，最早先在皇宫里兴起了，上至皇帝，下至嫔妃、宫人，都会在七夕这天吃碗面。因为面条容易做，再加上也不是什么昂贵奢侈的食物，这样的风俗很快便从皇宫流传到民间，甚至后来还传到了日本。在日本平安时期，还有"七夕吃挂面，大病不生"的记载。

  七夕吃面养生还真的不是古人的一厢情愿，实则有科学依据。七夕，正在三伏天里。《魏氏春秋》有言：何晏"伏日食汤饼，取巾拭汗，面色皎然"。这里的"汤饼"，指的就是热汤面。

  大热天吃汤面，找虐吗？那还真不是。夏日炎炎，我们五肺六脏其实都是温热的，如果吃冷的东西，很容易造成积食，而一碗热汤面下肚，正好可以帮助我们排出体内毒素和沉积。伏天过后，小麦刚刚收割，这时候，用小麦粉做成的面条，营养美味，可以补给长夏带来的消耗，帮助我们熬过苦夏。

菱角

七夕餐桌上的文化担当

如果说前几样食物都是七夕的一些大众食物,那么有一样东西,可谓大大提升了七夕餐桌的文化档次。这就是菱角。

菱角,产自水乡,是江南人最喜欢的"水八仙"之一。它是一年生草本水生植物,又名水菱、风菱、乌菱,还有"水中落花生"的别称。菱角有青色、红色和紫色,皮脆肉美,通常水煮后直接食用,也可以晒干后剁成细粒熬粥。

以前有首民歌是这样唱的:桃花红来杨柳青,清水塘里栽红菱。姐栽红菱郎栽藕,红菱牵到藕丝根。

菱角在哪里呢?你看那深深浅浅的河塘中,有清秀碧绿的菱叶,而菱角,就隐藏在这些菱叶之下。

菱角,是江南人盼了一整个夏天的美物,到了七夕前后,它终于闪亮登场。

七夕前后的江南一带,菜市场就会有新鲜的菱角叫卖,当

地人说,"七夕吃菱角,可以得灵巧哦!"想想也是生得如此水灵之物,自然是浑然带着一股灵气的。七夕一过,夏天就要结束,新的一学期就要展开。都说吃过菱角的孩子会更加聪明伶俐,趁着这份巧意,大人们自然要给孩子多买两只菱角吧!

江南人一般将菱角用来炒毛豆,做小菜,其实菱角也可以直接剥出来生吃。那味道清甜,又软又香,没有哪个小孩子是不喜欢的。

旧时的广东四邑,每到七夕之夜,家家户户都会在院子里点香,摆上供品,这供品中就少不了菱角,据说也是取"灵巧"之意。剥着菱角巧慕神仙,"络角星河菡萏天,一家欢笑设红筵",大概就是如此了。

"白马湖平秋日光,紫菱如锦彩鸾翔。荡舟游女满中央,采菱不顾马上郎。争多逐胜纷相向,时转兰桡破轻浪。"又是一年七夕,湖上飘来了《采菱曲》。船过,碧波荡,清风拂面,采菱人的笑声更撩拨心弦。这样的画面,为七夕的食趣中增加了几多浪漫和诗意。

第四章

中式经典爱情故事

中国是一个盛产故事的国度，其中爱情故事更是层出不穷。从远古的神话传说，到传诵千年的诗词歌赋，从话本杂剧到明清小说，都不乏"爱情"这一主题。

七夕，因爱而生。在中国式爱情楷模牛郎织女的指引下，世世代代的有情男女身体力行，上演了一出又一出堪称经典的爱情故事，或荡气回肠，或婉转忧伤，或令人欣慰，或让人唏嘘。

相爱不需要理由，经典却一定有成为经典的道理。相比现代人的爱情观，这些中国式经典爱情故事或许难免带有时代局限性，但其所代表的人性之光却堪称永恒，其所独具的古典魅力，足以迷倒众生。

司马相如与卓文君：

凤兮凤兮归故乡，遨游四海求其凰

《凤求凰》，一曲汉代有名的古琴曲，演绎了司马相如与卓文君的爱情故事。这首曲子表达了一名男子对一名女子深深的痴慕之情。

司马相如，字长卿，据说蜀郡成都人，西汉著名辞赋家。卓文君，原名文后，西汉临邛（今四川邛崃）人，邯郸冶铁家卓氏之后，汉代著名才女，亦是中国古代四大才女之一。

如果故事仅仅就是一出男追女的寻常情节，那也不值得流传千古。在他们的爱情传奇中，有私奔这样的离奇剧情，也有背弃这样的伤心情节。用现在的话说，他们一度你侬我侬，也曾"相爱相杀"，最后终于彼此和解，开启了人生的神仙境界。

司马相如和卓文君的相遇，不是巧合，甚至可以说是有意为之。司马相如，读书人，却不是一个"读死书的人"。他风流倜傥，擅抚琴，不仅文章漂亮，长得也一表人才。遗憾的是，

司马相如虽抱有一身才华,早年官运却并不通达。他的"好基友"——王吉(西汉时琅琊皋虞人,官至博士谏大夫)看在眼里,就对他说:"你终日在外面游学,如果日子过不下去了,就来临邛找我吧!"司马相如也是个奇人,他不似一般文人那样执拗孤傲,他真的去了临邛,开始了人生一段"说走就走的旅行"。

王吉也不急着给他找工作,倒是先当起红娘,操心起司马相如的人生大事。王吉告诉司马相如,本地的首富卓王孙有个女儿,名卓文君,肤白貌美、聪颖过人,早些时日许嫁了一方人家,只是夫君过世,如今在娘家寡居。司马相如听得是一"白富美",汗颜高攀不上,也就不怎么当真。

然而,冥冥之中,命运总有安排。一日,卓王孙下帖宴请当地官员和有名望的人，听说远方来了一位大文人，也一并下了一张请帖。收到这封"命运注定的请帖"的，就是司马相如。宴会期间，"神助攻"王吉准时上线了："长卿乃今世第一名流，文章、琴曲都不在话下。何不给我们来一曲，助助大家的酒兴？"

司马相如自然是客气地推辞了一番，然后拗不过大家的热情，便弹奏起来。抚琴间隙，他瞥见竹帘后面藏着一个女子，司马相如暗自揣度，那一定就是传说中的卓家大小姐。于是，司马相如祭出独门法宝——一曲难度系数3.0，艺术指数3.0高分的《凤求凰》。这首神曲从他水葱般的手指间流淌出来，撩拨着卓文君那颗蠢蠢欲动的思慕之心。

其实，卓文君对这个司马相如也是未见其人，先闻其名。她早就对他有了兴趣，没想到司马相如竟然来了这么一出，深谙琴理的两个人就在众目睽睽之下秋波暗送，"暗度陈仓"。

司马相如一昔瞥见了"女神"，茶不思饭不想，赶紧叫仆人给卓文君送去一封求爱信。卓文君也是个洒脱的女子，她见信后狂喜不已，但也知道父亲不会应允这门亲事。于是，便在一天晚上，偷偷跑出家，和司马相如两人连夜私奔回了成都。

到了成都卓文君才知道，原来自己的丈夫一贫如洗，家徒四壁。她放下千金小姐的身段，准备白手起家，自创一份美好生活。数月后，他们又回到临邛，开起一间小酒馆，这就是著名的"文君当垆"。一个翩翩公子，一个高门贵女，整日便和锅碗瓢盆打上了交道。这可急坏了爱面子的卓王孙，他不得不分派仆人送钱两给这二人,接济这个上门女婿。

由此,这对小夫妻又过上了饮酒作赋、鼓琴弹筝的悠闲生活。才华横溢的司马相如在这之后,写下《子虚赋》《上林赋》。他的才华被皇帝发觉,拜为郎官,后来又再拜为中郎将,终得功名。

如果故事从这里平铺直叙地进行下去,便没有"愿得一人心,白头不相离"这样的流传千古的佳句了。现在,很多电视剧、很多人都喜欢引用这句话,不过好像很多时候都会错了意。这句诗表面上看是一句告白,实际上却还藏着卓文君的怨念。

原来,携手走过半生的这对佳偶却也遭遇了"中年危机"。年逾知命的司马相如,突然有一天想纳妾了!卓文君心下灰暗,便作了一首《白头吟》:

> 皑如山上雪,皎若云间月。闻君有两意,故来相决绝。今日斗酒会,明旦沟水头。躞蹀御沟止,沟水东西流。凄凄复凄凄,嫁娶不须啼。愿得一人心,白头不相离。竹竿何袅袅,鱼尾何簁簁。男儿重意气,何用钱刀为。

昔日二人郎情妾意、成双成对的生活日常跃然纸上,令司马相如不禁潸然泪下。司马相如感念妻子的心意,体会出生活的真谛,从此放弃纳妾之心,与卓文君携手白头,归隐林泉,真正上演了一出凤凰于飞的故事。

陆游与唐婉：

在世情薄人世恶，雨送黄昏花易落

圆满是一种美，遗憾也是一种美。陆游和唐婉的故事，大概是中国历史上最为遗憾的爱情故事之一。他们的爱情凄美、动人，却始终逃不过一场"虐恋。"

陆游，南宋著名爱国诗人，他有一个青梅竹马的表妹。这个表妹自小聪颖机灵，稍大一点，出落得楚楚动人。她叫唐婉。唐婉是郑州通判唐闳的独生女儿，陆游也是名门之后，两人可谓门当户对。陆家便以一只祖传的凤钗作为信物，与唐家定了亲，结为连理。

陆游和唐婉，是郎才女貌的搭配，更是一对惺惺相惜的灵魂伴侣。陆游笔下的唐婉，清丽脱俗，世人难及，"玉姝眉黛翠连娟""林下风标许谁比"。更难得的是，在二人短短的三年婚姻中，一直琴瑟和鸣，伉俪相得。

彼时的陆游，是个无心仕途的人，酷爱诗文之乐。于是二人整日里一人写诗、一人誊抄,夏天听雨、冬天看雪,刚开始时,还无人说个一二。时间久了,陆游的母亲便看不过眼了。陆母觉得二人感情甚笃,沉迷于闺房之乐耽误了正业,便颇有微词。再加上婚后二三年,唐婉一直未有身孕,便又添得一重"实罪"。最后,陆母便强令陆游休妻。陆游虽然百般不愿意,却也不能拂母之命,最后一纸休书下,情人肝肠断。

  陆游和唐婉分开之后,二人迫于双方家庭的压力,都再婚

了,再见面,已是十年之后。那一日,陆游独自来到绍兴沈园,而唐婉夫妇也那么凑巧地在这里。昔日伉俪相见,心头五味杂陈。唐婉征得丈夫的同意后,敬了陆游一杯酒,便独自离席。陆游饮下这杯酒,回忆起往昔,悔恨难当,这沉积了十年的痛苦和相思终于爆发,于是,提笔在沈园写下《钗头凤·红酥手》。

> 红酥手,黄縢酒,满城春色宫墙柳。东风恶,欢情薄。一怀愁绪,几年离索。错、错、错!
> 春如旧,人空瘦,泪痕红浥鲛绡透。桃花落,闲池阁,山盟虽在,锦书难托。莫、莫、莫!

一年之后,唐婉再游沈园,见到陆游的题诗,悲从中来。回到家中,唐婉愁怨难疏,便也写下一首《钗头凤》:

> 世情薄,人世恶,雨送黄昏花易落。晓风干,泪痕残,欲笺心事,独语斜阑。难、难、难!
> 人成各,今非昨,病魂常似秋千索。角声寒,夜阑珊,怕人寻问,咽泪装欢。瞒、瞒、瞒!

不久,唐婉因郁结难消,终不得治。

陆游晚年又曾三度到沈园,并作绝句四首,《春游》一篇。"伤心桥下春波绿,曾是惊鸿照影来""梦断香消四十,沈园柳老不吹绵""也信美人终作土,不堪幽梦太匆匆"——字里行间,无不是对发妻唐婉的缅怀和追忆。可以说,陆游的一生,功名利禄始终如过眼云烟,他一生所念的,唯有和唐婉的这段感情。

山盟虽在,锦书难托。一曲《钗头凤》,听得多少人潸然泪下,也不过留下多少唏嘘罢了。

《钗头凤》中,是让人忍不住空悲叹的一场爱情悲剧,也是一生只为一段情的中国式爱情追求。

徐德言与乐昌公主：

白头相守，破镜重圆后

人都说前缘难续，却偏偏有破镜重圆。

破镜重圆的典故，来源于南朝末期徐德言和妻子乐昌公主的故事。隋文帝杨坚在统一了中国北方后，挥师南下，准备拿下位于江南的陈朝，一统天下。而陈后主一点也不着急，仍然沉醉在诗词酒乐中。太子舍人徐德言的妻子，是陈后主的妹妹，封号为乐昌公主。夫妻二人感情甚好。徐德言是个有眼力见儿的人，眼见大军就要破城，他未雨绸缪，将一面宝镜一分为二，夫妻二人各执一半。徐德言对乐昌公主说："如果国破了，你我仍能苟活于世上，请你每年正月十五，持这半面镜子去京城集市售卖。我如果在，定会拿另一半镜子去找你。"

公元 589 年 1 月，杨坚的大军攻破陈国都城建康，陈朝灭亡。兵荒马乱之中，徐德言逃出建康城，乐昌公主被俘，送至洛阳成为隋朝越国公杨素的妾室。乐昌公主既有美貌，亦有一身才华，杨素对其也算是宠爱有加。可乐昌公主偏偏高兴不起来，终日默默无语，忧思甚重。她想着念着的，始终是国破前夫君的嘱托。

徐德言也是一个难得的深情之人。他逃出建康之后，虽过着颠沛流离的生活，却始终记得和妻子的约定，历经千难，终于来到洛阳。

次年的正月十五到了，这一天，本就应该是个团圆之日。徐德言早早来到集市上，苦苦寻觅卖一半铜镜的人。功夫不负有心人，他终于找到了一个卖一半铜镜的老仆人，而且要价颇高，引得众人嘲笑。徐德言上看下看，心里有数之后便掏出自己的半块铜镜。两块镜身对合，浑然一体！徐德言办感交集，当场赋诗一首："镜与人俱去，镜归人不归；无复嫦娥影，空留明月辉！"

这位仆人将徐德言的诗带回去告知乐昌公主。乐昌公主一见了诗，便明白丈夫没有背弃诺言，来到了洛阳。乐昌公主又喜又怕，喜的是丈夫仍在世上，还千里迢迢来寻自己；怕的是现在的夫君杨素为难自己，也为难徐德言，所以一直三缄其口，不敢说出来。

乐昌公主茶饭不思了几天，杨素觉察

到异样,便来询问。乐昌公主忐忑地告知了自己和丈夫以破镜为信物的事,杨素非但不生气,竟然大为感动。杨素派人找到徐德言,还将乐昌公主还给他,让这对夫妻得以团圆。

在践行酒宴上,乐昌公主和诗一首:"今日何迁次,新官对旧官。笑啼俱不敢,方验作人难。"

后来,"破镜重圆"的故事被广为传颂。在宋朝李致远的《碧牡丹》中也说道:"破镜重圆,分钗合钿,重寻绣户珠箔。"破镜重圆,也比喻夫妻失散或决裂后团聚或者重修于好。

破镜重圆里,是中国人对爱的一份坚守,是山重水复之后的柳暗花明。

梁鸿与孟光：

举案齐眉共白头

举案齐眉的故事，是中国夫妻一直奉为教科书般的民间案例；举案齐眉，也是大家对新婚夫妇最美好的祝愿。

汉代有一名士，名为梁鸿，虽然家境贫寒，但博学多才，品格高尚，远近闻名。一些有权势有名望的家族看重梁鸿的品性，便找来说媒的人要把女儿嫁给他。据说，当时给他说亲的媒人众多，差点踏烂了家中的门槛。梁鸿竟也不为所动，大家也不知道他到底喜欢哪种风格的女子？

当地有一个女子名叫孟光，长得实在不怎么样，家室倒还不错，也算是一大户人家的千金小姐。据史书记载说，她能"力举石臼"，想来应该跟举重运动员差不多的身量吧！虽然颜值拿不出手，可借着家世，上门提亲的人还是很多的，却全被她拒之门外。孟光到了30岁，依然没有嫁出去。据说有一天，孟光在路上碰到个潦倒的书生，把他带回家，悉心照料。书生感

念孟光的善心,想求娶孟光。孟光非但没有同意,还把书生狠狠骂了一通。于是,孟光的仗义之名也在街坊四邻中散播开来。提亲的人越来越多,孟光这个看不上,那个也不想要。眼看着女儿一把年纪还待字闺中,父母心急如焚,便问她到底要什么样的?孟光说:"欲得贤如梁伯鸾者。"也就是说,非梁鸿那样的贤能之人不嫁。梁鸿得知后,竟然真的下聘礼娶得孟光进门。

　　新婚燕尔,按理说应该是你侬我侬,可梁鸿和孟光过得可真不怎么样。一连七日,梁鸿都没理孟光。孟光按捺不住了,于是跪在梁鸿面前,问个究竟。"我是仰慕你的高义,才拒绝了一干男子嫁给你的。听说你也是拒绝了好多女子。我不明白,所以我来为我的错误请罪。"梁鸿也不掩饰,解释道,他要的妻子是能够和他携手归隐山林，甘于粗布麻衣、粗茶淡饭的简单生活的。所以不明白新婚妻子为何天天着华丽衣服，涂脂抹粉，觉得这样的女子是没办法和他携手步入平凡人生的。

孟光解释道："我这么做也就是想要看看你的真实想法而已。"于是，孟光换上粗布麻衣，从此以后，每天准备好饭菜，盛在食盒里，用托盘高举到眉毛处，专心侍奉夫君。二人解除误会、摒弃前嫌，恩爱有加。

举案齐眉，自此后也成为夫妻间互相信任，相敬如宾的代名词。

张生与崔莺莺：

待月西厢下，疑是玉人来

儿女婚姻，父母之命，媒妁之言，向来是中国传统社会不可逾越的铁壁。如果有情男女私定终身，其风险等同于越狱。张生与崔莺莺的私订终身的故事，因此被传唱千年。

这个故事最早的版本，是唐代诗人元稹的话本《莺莺传》，到金代演绎出了董解元的《西厢记诸宫调》，元代王实甫在二者基础上，创作出了杂剧《崔莺莺待月西厢记》，确定了张生与崔莺莺私定终身的故事。

《西厢记》的故事并不复杂。出生相国之家的崔莺莺是典型的"白富美"，颜值高，才艺佳。更令人艳羡的是，她的相国父亲为她订下了门当户对的亲事，未婚夫是尚书家的公子，放现在大概就是"国民老公"类的"高富帅"。如果不出意外，崔莺莺的生活不可能与落魄书生张君瑞（人称"张生"）发生任何交集。遗憾的是，故事通常是各种意外的集合。

　　崔莺莺的相国父亲没等到女儿成为尚书儿媳的那一天,就撒手人寰。不巧的是,崔莺莺与母亲扶柩回乡途经普救寺时,与借宿在此的张生一见倾心。更不巧的是,起兵作乱的孙飞虎就在此时包围了普救寺,竟然是要抢相国小姐当压寨夫人。相国夫人情急之下承诺,谁能救女儿于危难,就可娶莺莺为妻。张生当仁不让,修书请好友白马将军前来相救。白马将军率兵平乱,成功解了大家的围。相国夫人却反悔了,认为张生配不上自己女儿,只许二人以兄妹相称。不过,什么也阻挡不了爱情。张生在莺莺侍女红娘的帮助下,私下与莺莺幽会。相国夫人发现端倪,拷问红娘,红娘反而勇敢地指责相国夫人忘恩负义,出尔反尔,并认为这事如果张扬出去,会坏了崔家名声。相国夫人百般无奈,只得同意了张生与莺莺的婚事,但以"俺三辈儿不招白衣女婿"为由,逼张生赴京赶考,如果取得功名,才能与莺莺正式成亲。"得官啊,来见崔夫人;驳落啊,休来见崔夫人"。

曾经屡试不第,"书剑飘零功名未遂,游于四方"的张生迫不得已,只能硬着头皮进京应考。爱情是最好的兴奋剂,张生"一举及第,得了头名状元",最终与崔莺莺"终成眷属"。

明代李日华将《崔莺莺待月西厢记》改编成南曲《西厢记》,到清代以后,昆曲、京剧等各种地方戏版本,使得崔莺莺与张生的故事家喻户晓,红娘也成为媒人代名词。其中众多名句名词,也是传诵至今。如"有心争似无心好,多情却被无情恼""愿天下有情人终成眷属""晓来霜林谁染醉?都是离人泪"等。尤其是王实甫的《崔莺莺待月西厢记》,对汤显祖创作《牡丹亭》和曹雪芹创作《红楼梦》产生了重要影响。《红楼梦》第二十三回的标题即为:"《西厢记》妙词通戏语 《牡丹亭》艳词警芳心"。

《西厢记》现传明、清刻本不下百种,居古典剧作之冠,并被译为多种外语译本,影响遍及全球。

梁山伯与祝英台:

双双化蝶翩翩舞,恩恩爱爱不绝情

"双兔傍地走,安能辨我是雄雌"。在中国家喻户晓的民间故事里,有两个跟女扮男装有关,一个是替父从军的花木兰,一个就是外出求学的祝英台。在古代中国,女人要像男人一样抛头露面,注定是一场冒险,当然必须是个技术活儿。

话说越州上虞县祝家庄,小姐祝英台从小喜欢吟读诗书,一心想像男孩子那样外出求学。父亲祝员外不允,她就化妆成算命先生,说祝英台待在家里有凶险,只有外出求学才能躲避灾难。祝员外竟然相信了,加上女儿"易容术"过得了关,只好答应。祝英台和丫鬟银心装扮成公子和书童,前往越州城学堂求学。二人在路上与梁山伯及书童士久一见如故,于是结伴同行。

越州求学三年,梁山伯与祝英台可谓形影不离,白天是同学,晚上是室友。小女儿情窦初开,情愫暗生,而小男生则是

个木头呆瓜,毫无知觉,哪里明白祝英台的心意。一次清明放假,二人到镜湖游玩,一路上祝英台借景借物表白心意,但梁山伯完全不开窍,甚至嘲笑祝英台神经兮兮,好端端一个男儿身,偏把自己比成女红妆。这一切被学渣马文才看在眼里,记在心里。

一晃三年过去,祝英台收到家信,称员外病重,催促速归。十八里相送,祝英台一路借景喻物,梁山伯一路懵然。祝英台跟他约好日期,让他到祝家提亲,她做媒将自己家小九妹嫁给梁山伯。可憨蠢一家亲,梁山伯又算错了日子,赶到祝家时,才得知马文才已先他一步下了聘礼。尽管祝英台心里只有梁山伯,但祝员外眼里只有家大业大的马家,死活不同意女儿私嫁穷书生梁山伯。

梁山伯心碎一地，回到家便一病不起。病中，梁山伯写信给祝英台，希望再见祝英台一面。祝英台回信，今生无缘，只盼死后同葬南山。不久，梁山伯病逝，祝英台伤心欲绝，假意应允马家婚事，但要求迎亲队伍必须经过南山，让她下轿祭拜梁山伯。

祝英台来到梁山伯墓前，红装变丧服，一时间天昏地暗，风雨大作，坟墓裂开，祝英台奋身跃下，坟墓又再次合上。不久，他们的坟墓里飞出一对蝴蝶，成双成对，形影相随，不离不弃……

上世纪50年代末，还在上海音乐学院读书的陈刚和何占豪以越剧中的曲调为素材，结合交响乐与我国民间戏曲音乐表现手法，创作出了中国有史以来最著名的小提琴协奏曲《梁祝》，让中国人真正拥有了自己的交响乐。

梁祝的故事，自东晋起，已在民间流传近2000年，深入人心，感染无数痴男怨女。据考证，从古到今，有多个相关的故事原型被发现，也有众多不同版本各自流传，仅自称梁祝"故里"的地方就有十几处。无论故事如何演绎，梁祝追求真爱的勇气却一脉相承，而化蝶也是最具艺术感染力的结局。

现今流传的《梁山伯与祝英台》，是中国古代民间四大爱情故事之一，中国最具魅力的口头传承艺术及国家级非物质文化遗产，也是唯一在世界上产生广泛影响的中国民间传说。

唐明皇与杨贵妃：

七月七日长生殿，夜半无人私语时

儿女情长，似乎从来只是左右寻常百姓家的人生主题，痴情真爱，何尝出自帝王家？

世间总有例外。白居易用一首长诗《长恨歌》，让唐玄宗与杨贵妃的旷世爱情为后世传诵。清代洪昇以此为蓝本，并根据陈鸿的《长恨歌传》，创作出两卷五十出的戏剧《长生殿》，将这出帝王家前朝后宫的爱情故事，演绎得缠绵悱恻。洪昇前后花了13年时间方才定稿的《长生殿》，前半部分多据史实创作，后半部分则基本属于虚构。正因为《长生殿》的广为传唱，唐玄宗与杨贵妃的故事才家喻户晓，流传至今。

在历史上，唐玄宗（即唐明皇）在位期间，大唐王朝经历了极盛，也开始了中衰。他的政治生涯毁誉参半，前半段励精图治，开创了唐朝的极盛之世——开元盛世；后半段逐渐懈怠，宠信奸臣，导致长达八年之久的安史之乱，也重伤了王朝元气，

七夕

唐朝从此衰落。而唐玄宗这糟糕的后半段,跟他极度宠爱杨贵妃有着直接的关系。

杨贵妃本名杨玉环,初入宫时,是唐玄宗儿子寿王的妃子,后因美色与才艺被玄宗宠幸。《长生殿》的故事里,杨玉环是唐明皇下旨选美入宫的,似乎有意回避了杨最初是唐明皇儿媳的身份。杨入宫后,《长生殿》的故事大体与历史相符。

由于杨才貌出众,唐明皇对其恩宠有加,很快就被封为贵妃。爱屋及乌,唐明皇还封杨的哥哥杨国忠为丞相,杨的三个姐妹晋位夫人。杨家一度权倾朝野。后因两个姐妹也先后被唐明皇私宠,杨贵妃醋意难忍,口不择言,惹恼了皇帝。唐明皇一时不痛快,让太监高力士把她送回了娘家,随之又非常后悔。

高力士暗地知晓杨贵妃，她托高力士带回一缕青丝送给唐明皇。"这一缕青丝香润，曾共君枕上并头相偎衬"。唐明皇睹物生情，感动不已，连夜接回杨贵妃。"情双好，情双好，纵百岁犹嫌少。怎说到，怎说到，平白地分开了。总朕错，总朕错，请莫恼，请莫恼"。前嫌冰释，二人在七夕之夜长生殿里，立下山盟海誓：从此生生世世，永不分离。

杨贵妃三千宠爱集于一身，唐明皇从此不早朝。"升平早奏，韶华好，行乐何妨。愿此生终老温柔，白云不羡仙乡"。为了示爱，唐明皇不惜人力物力，倾尽所有。杨贵妃爱吃荔枝，唐明皇就命快马专程从海南送到长安，新鲜奉上。诗人杜牧有诗"一骑红尘妃子笑，无人知是荔枝来"，就是专指此事。

与此同时，唐明皇朝政废弛，盛唐急速走向衰败。安禄山通过贿赂丞相杨国忠，受到唐明皇重用，被任命为范阳节度使。上位成功，安禄山秘密招兵买马，起兵谋反，一路势如破竹，兵临长安。唐明皇只得带着杨贵妃，仓皇逃往四川。行至马嵬坡时，随行的部队发生兵变，唐明皇被迫处死杨国忠，并赐杨贵妃自尽。万千宠爱，山盟海誓，随三尺白绫，烟消云散。

杨贵妃死后，郭子仪率兵击败安禄山叛军，唐玄宗回到长安，不久宣布退位，以太上皇的身份幽居深宫。他对杨贵妃的感情，历史没有再提起，更多的则是对他们这种爱情至上的关系进行批评和反思。

而在白居易的《长恨歌》里，独自回宫的唐玄宗对故去的杨贵妃思念至深，甚至找方士为其招魂，这才有了"七月七日长生殿，夜半无人私语时"的经典诗句。千百年后，洪昇从这句诗里找到了灵感，用差不多半部《长生殿》演绎了唐杨爱情的后半部分——杨贵妃死后，痛悔平生恃宠所为，得到神仙原谅。织女星说："既悔前非，诸愆可释。"唐明皇重返长安，物是人非，闻铃断肠，见月伤心，失魂落魄，抱着杨贵妃的雕像痛哭不已。经不住日思夜想，唐明皇派方士去找神仙帮忙，最终感动了织女星，安排二人在月宫团圆。两人从此长相厮守，再不分离。

作为历史人物，唐玄宗与杨玉环饱受争议；作为爱情故事的主人公，唐明皇与杨贵妃可歌可泣。

沈复与芸娘：

浮生若梦，为欢几何

这年七夕，芸在"我取"轩中摆设了香烛瓜果，与我同拜天孙（织女星）。我镌刻了"愿生生世世为夫妇"的图章两方；我持红色文字的，芸持白色文字的，以作往来书信时用。当晚月色颇佳，俯视河中，波光如练，芸手执轻罗小扇，与我并坐水窗，仰见飞云过天，变态万状。

这是《浮生六记》里关于七夕的一段记述，也是作者沈复和妻子芸众多浮生欢乐的场景之一。也是这个七夕，芸问了一个问题：宇宙之大，同此一月，不知今日世间，也有人像我们两人这样的情兴吗？

作为现代人，买《浮生六记》的人很多，读《浮生六记》的人不少，但真正能像书中这对小夫妻，明知"浮生若梦"，却能"为欢几何"的人，真的不多。

跟《浮生六记》的众多读者一样，沈复也是一个名不见经

传的小人物,读书人,没参加过科举考试,19岁便像他父亲那样,去给有权有势的人当幕僚,"轮蹄征逐,处处随人"。尽管工作干得还行,21岁就被聘为幕僚,但又偏偏看不惯权贵,"见热闹场中卑鄙之状,不堪入耳,乃易儒为贾",转行去做生意,卖过字画,也出使过琉球。

"天之厚我,可谓至矣"。幸运的是,注定事业无望的沈复,与芸走到了一起。芸是沈复的表姐,长他十个月,两人算得上两小无猜。芸天生聪慧,女红做得好,还会吟诗作赋。沈复13岁那年,看见芸的诗句"秋侵人影瘦,霜染菊花肥",念念不忘,求母亲与芸家"缔姻"。

成年以后,洞房花烛之夜,两人肩并肩坐在一起说说笑笑,恍然间如同好友重逢。夫妻从此耳鬓厮磨，亲如形影，常一起谈文论诗。二人还请人绘月下老人图，常一起焚香拜祷，以求来生仍有缘结为夫妻。

这样一对和和美美的小夫妻，琴瑟和鸣23年，年久情更深。但他们的亲密举止在当时却被视为不正常，起初他们还避人耳目，久而久之就不以为意。芸不爱珠宝，却极其珍视破书画。她还曾穿上丈夫的衣冠，跟沈复一同出游。这些"出格"的举动，尤其是芸率真可爱的性格，渐渐为沈复家人所不容，终至于失欢于公婆。芸被公公指为不守闺训，沈复也被斥为滥伍小人，几度被家族驱逐，不得不抛儿别女，离家出走。患难间，夫妻二人反而感情日益深厚。最终，芸因血疾频发，又因为贫困不肯就医，香消玉殒。弥留之际，芸仍心心念念缘结来生。临终，她对沈复说："满望努力做一好媳妇，而不能得。"

生活在现代社会，已很难想象，这样一对伉俪情深的模范夫妻，为什么竟为家庭和社会所不容。以传统家长的眼光来看，沈复是一个"不思习上"的败家子，而芸正是拖儿子下水的坏媳妇。尽管备受责难，二人仍以真性情坦然相爱相守，这是何其难能可贵的真情真义！

林语堂先生曾这样评价芸：她并非最美丽，因为这书的作者，她的丈夫，并没有这样推崇；但是谁能否认她是最可爱的女人？她是我们有时在朋友家中遇见的风韵丽人，因与其夫伉俪情笃，令人尽绝倾慕之念。我们觉得世上有这样的女人真是一件可喜的事，只愿认她是朋友之妻，可以出入其家，可以不邀自来和他夫妇吃中饭，或者当她与丈夫促膝畅谈之时，你们打瞌睡，她可以放一条毛毡把你的脚盖上。也许古今各代都有这样的女子，不过在芸的身上，我们似乎看见这样贤达的美德特别齐全，一生中不可多得。

更重要的是，无论处境如何，他人怎样看待，芸和沈复都能尽其所能把每一阶段的生活过得充满情趣，让自己每一天都能成为将来最为精彩的回忆。芸曾说：来世必须不忘今生，才会觉得有趣。不是吗？

芸死后，沈复去四川充过幕僚，后来又去修道，不知所终。徒留下一部《浮生六记》，让人唏嘘不已。

柳梦梅与杜丽娘：

情不知所起，一往而深

"情不知所起，一往而深，生者可以死，死者可以生。生而不可与死，死而不可复生者，皆非情之至也"。

明代汤显祖的《牡丹亭》，全名《牡丹亭还魂记》，也称《还魂记》，与《西厢记》同列中国四大古典戏剧之一。它借人鬼之间的一段真情，树起了一杆反礼教的大旗，历来被广为演绎传唱。

太守之女杜丽娘天生丽质，多愁善感，正是情窦初开，却在家中备受禁锢，根本不可能得到自由和爱情。"如花美眷，似水流年，似这般，都付与了断瓦残垣"。一天，她的父亲聘请老儒陈最良来家中给她授课，当她第一次听到讲解《诗经》"关关雎鸠"的时候，心底的情弦被不经意地触碰了。

几天后，杜丽娘从后花园踏春归来，睡梦中见一书生拿着柳枝来请她作诗，然后将她抱到牡丹亭行云雨之欢。一觉醒来，

却原来是一场春梦。"但是相思莫相负,牡丹亭上三生路"。杜丽娘几次寻梦牡丹亭,哪里有什么书生,不觉心中忧闷,相思成疾,药石无治,竟然夭亡。不久,杜太守升迁淮扬巡抚,临行将爱女葬在后花园梅树下,建了一座"梅花庵观",请一名老道姑看守。

杜丽娘芳魂来到地府,判官问她死因,在婚姻簿上查到她和新科状元柳梦梅结亲的记录,准许放她重返人间。与此同时,书生柳梦梅赴京应试途中,因风寒病卧梅花庵。病愈后,柳梦梅与杜丽娘的鬼魂相遇,竟过上了恩恩爱爱的夫妻生活。老道姑发现异常,柳梦梅被说出私情。两人秘密请人掘开坟墓,杜丽娘因此复生如初。柳杜二人结为夫妻,从此过上了幸福的生活。但故事并未就此完结。

柳梦梅进京参加进士考试,结束后到淮扬杜府,自称是巡抚大人女婿。巡抚怒不可遏，不信女儿复生，以柳梦梅私掘坟墓判他斩刑。此时，朝廷来人与柳家亲属找到淮扬，通报柳梦梅中了状元，柳才得以脱身。巡抚仍不相信女儿复活，怀疑柳状元是妖孽，于是上本请皇上公断。朝堂之上，皇帝传唤杜丽娘到堂，在"照妖镜"的帮助下，验明正身，于是下旨杜家父女相认，柳杜夫妻团聚，并正式归第成亲。正所谓"情之所至，生可以死，死可以复生，生不可以死，死不可以复生，皆非情之至也"。

为情而死，因情而复生。《牡丹亭》一出，可谓举世哗然。清代评论家就指出，"《牡丹亭梦》一出，家传户诵，几令《西厢》减价"。因此，《牡丹亭》很快被改编成昆曲、京剧、黄梅戏、越剧、川剧等剧种，风靡一时，传演至今。1998年5月，美国导演彼得·塞勒斯联手谭盾，将其改编成长达3小时的歌剧版，先后在维也纳、巴黎、罗马、伦敦等地巡演。2004年4月，白先勇主导的"青春版"昆曲《牡丹亭》也开始了世界巡演。丹尼尔·伯斯特编著的《100部剧本：世界最著名剧本排行榜》中，《牡丹亭还魂记》是唯一入选的中国剧本，名列第32位。

裴少俊与李千金：

墙头马上遥相顾，一见知君即断肠

在元代杂剧大家白朴创作《裴少俊墙头马上》之前，白居易最早用一首诗《井底引银瓶》，讲述了这个故事的原始版本。"井底引银瓶，银瓶欲上丝绳绝。石上磨玉簪，玉簪欲成中央折。瓶沉簪折知奈何？似妾今朝与君别。"忍无可忍的少妇离开夫家时，回忆往昔：自己与丈夫相遇之前，是个快乐无忧的美少女，"婵娟两鬓秋蝉翼，宛转双蛾远山色"；与丈夫相遇时，又是如何一见倾心，"妾弄青梅凭短墙，君骑白马傍垂杨。墙头马上遥相顾，一见知君即断肠"，竟不惜与他私奔，"感君松柏化为心，暗合双鬟逐君去"；到夫家后，却被公公白眼相待，"聘则为妻奔是妾，不堪主祀奉蘋蘩"，五六年下来，丈夫家里待不下去，娘家也不得消息，没脸回去；最后感慨："为君一日恩，误妾百年身。寄言痴小人家女，慎勿将身轻许人！"

如果《墙头马上》的故事仅止于此，相信不会有现在这样

大的魅力。白朴的这次再创作,让这个古老的爱情故事更加丰满好看。

男主角裴少俊是工部尚书之子,女主角李千金是洛阳总管之女,两家多年前曾议儿女亲家,后来因宦路相左,这桩亲事遂不了了之。但这双好儿女,都到了谈婚论嫁的年纪。故事就此展开。

某年阳春三月,怀春少女李千金看到围屏上的才子佳人图,不禁黯然神伤,跟丫鬟梅香提起"我若还招得个风流女婿"的话题,伤感得不行。于是趁家长外出不在家,梅香带小姐溜到后花园踏春消愁。

无巧不成书,骑着高头大马来洛阳办事的裴少俊正好从园外经过,不经意地一瞥,两人瞬间产生了化学反应。李千金更是"恨不的倚香腮左右偎。便锦被翻红浪,罗裙作地席",梅香提醒她注意影响,她还说:"咱先有意,爱别人可舍了自己!"这大胆直白,在当时恐怕也是没谁了。

歌德有言:"青年男子谁个不善钟情?妙龄女郎谁个不善怀春?"裴公子也托人传诗:"只疑身在武陵游,流水桃花隔岸羞。咫尺刘郎肠已断,为谁含笑倚墙头?"李千金立马邀约,"深闺拘束暂闲游,手撚青梅半掩羞。莫负后园今夜约,月移初上柳梢头"。于是,"风送花香,云笼月色",两人不推不就但成了好事。

两人好事正浓,却被奶妈撞见。哀求无果,李千金索性勇敢承认自己与裴少俊是真爱,理直气壮。奶妈恼羞成怒,要拖裴少爷去见官,两人一口咬定她勒索钱财,甚至以自杀来威胁奶妈。奶妈迫不得已指出两条路,一是让裴少俊得官后来娶,一是两人连夜私奔。李千金选择了后者,义无反顾。

私奔的后果,不堪设想。李千金在裴家后花园,一住七年,生下儿子端端和女儿重阳,裴尚书竟毫不知情。清明节,裴少俊随母外出祭祖,裴尚书才意外见到孙子孙女。李千金毫不避讳:"妾身是少俊的妻室!"聘则为妻,奔则为妾,老尚书与李千金展开激烈辩论。虽然直呼"这姻缘也是天赐的",李千金最后还是被赶出裴家。裴少俊即使心不忍,却无力抗争。

后来,裴少俊得了官,上李家提亲,李千金却不接受,非要公公低头认错。裴尚书得知李千金是曾定亲的亲家之女,不得不带上端端和重阳登门认亲,一家人最终团聚。在李千金眼里,爱情应该自主自由,不应该由哪一个人"管着那普天下姻缘簿""愿天下姻眷皆完聚"。

董永与七仙女：

你我好比鸳鸯鸟，比翼双飞在人间

《天仙配》脍炙人口以前，董永是历史上出名的大孝子，其卖身葬父的孝行感动天地，历朝历代都留下不同版本的记述。

西汉刘向在《孝子图》里记录：董永年少时没了母亲，独自赡养父亲。后来父亲死了，他没钱安葬，于是找人贷了一万钱葬父。他对债主说："以后如果没钱还你，我就给你做奴隶。"董永安葬好父亲，准备去债主家卖身为奴，在路上遇到一女子，主动给他做妻子。于是，董永带着新婚妻子来到债主家。债主对董永的妻子说："十天以内，为我织千匹绢，就放了你们夫妻。"没想到，十天期限都还没有到，千匹绢就织好了。债主很吃惊，于是放董永夫妇回家。走到他们相逢的地方，妻子告诉董永："我是天上的织女，有感于你的至孝，天帝派我来为你还债。现在事情办完了，我不能逗留。"说完，云雾从四方垂下，织女飞身离开。

很显然,早期版本的董永故事,几乎跟爱情无关,只是一个劝人尽孝向善的故事。但故事讲久了,演绎的版本多了,日久生情就在所难免。爱情渐渐取代孝善,成为故事的主题,这就是后来的《天仙配》前身——宋元话本《董永遇仙传》。

穷秀才董永,为了葬父,卖身傅员外家为奴,孝行感动上苍。恰逢七仙女有思凡之心,玉帝于是命她下凡,与董永结为百日夫妻。董永在傅家为奴上工那天,在槐荫树下与七仙女结为夫妻。七仙女一夜织成十匹锦绢,傅员外将董永三年长工改为百日,又收夫妻二人为义子、义女。百日期满,夫妻二人回家途中,七仙女以实情相告,送给他罗裙、白扇宝,约定来年二月十五日槐荫树下送子相会。董永进宝得官,回家路上得到七仙女送来的儿子，七仙女重返天庭。后来，董永与傅员外之女结为夫妻。

　　董永行孝遇仙事，经过历代改编演绎，最终形成了黄梅戏早期积累的"三十六大本"之一《天仙配》。上世纪50年代，陆洪非等对《天仙配》进行了一次全面改造。新版故事讲述玉帝的七女儿不恋天宫富贵荣华，同情为葬父而卖身为奴的年轻农民董永，私自下凡跟他结为夫妻。七仙女施展仙术，一夜织得十匹锦绢，将董永三年工期变为百日。期满后，夫妻双双把家还，准备过上幸福美满的小日子，不料玉帝下令七仙女重返天庭，拆散了天上人间这对好鸳鸯，让他们最终无法比翼双飞在人间。

贾宝玉与林黛玉：
一个是水中月，一个是镜中花

作为举世公认的中国古典小说巅峰之作，《红楼梦》讲的并不是一个纯粹的爱情故事，而道尽了世间人情，被称为"人情小说"。但在贾、史、王、薛四大家族兴衰的宏大背景下，在全书400多个有血有肉的人物故事中，全书的灵魂却是一个纯粹的爱情故事——宝黛之爱。

自《红楼梦》问世以来，无论是读者，还是观众，关于宝玉、黛玉，还是宝玉、宝钗更应该在一起的争论，就从来没停止过。但无论如何，站在爱情至上的角度，《红楼梦》通篇只有宝黛爱情，而没有二宝爱情，尽管最终宝钗成为了"宝二奶奶"。

所有普通的情爱故事，都是美满的；所有伟大的爱情故事，都是悲剧的。因此，正是这样的结局，才使得宝黛爱情完美到经得起任何挑剔的目光。

宝黛之爱，前世的情缘，今生的纠缠，贯穿了几乎整部《红

楼梦》。西方灵河岸三生石畔,有一株绛珠草,那就是黛玉的前世。赤瑕宫里,有一位神瑛侍者,是女娲补天多出来的一块顽石所化,他就是前世的宝玉。侍者每天用甘露浇灌,绛珠草得以享受天地精华,在漫长的岁月里渐渐脱去了草胎木质,修炼成了一位终日游弋于离恨天外,饥食蜜青果、渴饮灌愁海水的绛珠仙子。后来,神瑛侍者动了凡心,想去人间"造历幻缘",绛珠仙子便向警幻仙子提出:"他既然下世为人,我也去下世为人,把我一生所有的眼泪还他,也偿还得过他了。"于是,一行众人先后降生人间,才演绎了这出爱恨交织的红楼梦。

人生若只如初见,又哪来那么多生离死别!黛玉初到贾府,只是一个六岁的小女孩,宝玉也不过七岁,正是无猜岁月。两个小孩子一见如故。宝玉说:"这个妹妹我曾见过的。"而黛玉也在心里大吃一惊,"好生奇怪,倒像是在哪里见过一般,何等眼熟到如此!"说玄乎了,是前世有缘在作怪,说直白了,是两个小人都有了小心思。

随着宝玉一个个姐姐妹妹陆续来到贾府,住进大观园,宝黛两小无猜的无忧日子,也渐次被打破,黛玉的小心思也一次次受到考验,尤其是戴着金锁出场的宝钗出现,"金玉良缘"的佳话直接威胁到了她和宝玉的"木石前盟"。尽管宝玉口口声声"都道是金玉良姻,俺只念木石前盟",甚至摘下通灵宝玉,要砸了那"劳什子",但黛玉心里原本脆弱的安全感,仍然随着年纪增长而逐渐消失殆尽。

黛玉的敏感与真性情,为自己落了个"小性儿"与尖酸刻薄的坏名声,这正是封建大家庭及成人社会最不能容忍的缺点,尤其是那些满嘴说着疼她爱她的奶奶们。事实上,大观园里,她是唯一跟宝玉有共同话语,而且能包容他不务正业,让他跟上上下下姐姐妹妹们打成一片的女孩子。宝玉喜欢湘云,她也跟湘云交好;宝玉离不得袭人,她也尊重袭人;宝玉跟宝钗走得近,她也并不拦着他。与其说宝黛是恋人,不如说他们是知己,是灵魂伴侣,一个眼神,一句话,一方用过的手帕,都可以让对方心领神会。但就是这样的让彼此最自在的相处相爱之道,成了她被贾府"放弃"的根本原因。

与此相反,因为选秀失败而来到贾府的宝钗,则似乎看明白了这一点，处处站在成人社会的立场，管着宝玉，提点着宝玉，落下识大体顾大局的好名头，也就自然而然成了家长心中"宝二奶奶"的理想人选。

宝黛之爱，达到了爱情的最高境界。视爱情为生命的黛玉，在宝玉和宝钗大婚的喜庆朝贺声里孤独地病死。这是最悲剧的结局，也是最美的结局。因为，即使黛玉不顾一切最终成了"宝二奶"，她的命运极有可能也是《浮生六记》里芸娘的命运。一个精神至上的女子，可以把爱情维护到最美的样子，却绝不可能经营好世俗汪洋中的一桩婚姻。

第五章

「物」关爱情

古今中外，有情男女要建立或巩固自己与对方的特殊关系，往往都会拿出自己的心爱之物，或具有象征意义的物件送给对方，对方则会心领神会，还会礼尚往来。这种取信于对方的东西，便是"信物"。

跟现代人动辄铂金钻戒奢侈品不同，中国古人送出的信物往往礼更轻情更重。无论是一缕青丝，还是一方罗帕，无论是一个香囊，还是一把梳子，都足以情定三生，至死不渝。

可见，中国式信物，重信而轻物。中国式信物，也是中国式爱情的特殊"产物"。

中国式爱情，离不开中国式信物

七夕，不少现代人都习惯将这个节日称为"中国情人节"。但文化学者、民俗学家冯骥才说，七夕节是一个以牛郎织女的民间传说为载体，以爱情为主题，以女性为主角的节日。按照民间传说，牛郎和织女都是已婚人士，而且还有了孩子。七夕节表达的是已婚男女之间不离不弃、白头偕老、忠贞不渝的一种情感，恪守的是双方对爱的承诺，而不是表达婚前情人或恋人的情感，这是在不同人生阶段的两种感情。

因此，一些民俗学家建议，七夕，不应该被称为"中国情人节"，而应该是"中国爱情节。"

中国人的爱情，本来就是执子之手、与子偕老的情感；是低调的、含蓄的、内涵的表达；是举案齐眉、相敬如宾的相守；中国式爱情，就是最美的爱情的样子。

中国是礼仪之邦。自古以来，中国人重礼，尚礼。礼，不在大，也不在贵重，贵重的是送礼人的一份情意。

男女相悦，送出一份份礼物聊表心意，是再自然不过的举动。只是这样的礼物有了更贴切的名字——信物。信物，就是被称为凭证的物品。自古以来，信物都和爱情紧紧相关。

中国式信物，说到底，是中国式传统婚姻的信物，和西方情人节时，情人之间互相赠予的礼物有着本质的区别。中国人珍视这份信物，珍藏这份信物。他们念着这份信物，就像念着这份誓言，这份承诺，这份相思，长长久久，至死不渝。

中国式信物，不拘泥于形式，不拘泥于某一种特定的物品，只要我愿意，仿佛世间万物都可以说着"我愿意"！

以物寄情，重在情，不在物。但中国人将情看得很重，将信物也看得很重。所以才会有那么多定情物尚在，誓言也犹在耳边，但情已逝的伤感和无奈。在对待信物这件事上，中国人是偏执的。中国古人不随便接受别人的信物，因为一旦接受了，就是许下了一辈子的承诺。

> 我出东门游，邂逅承清尘。思君即幽房，侍寝执衣巾。
> 时无桑中契，迫此路侧人。我既媚君姿，君亦悦我颜。
> 何以致拳拳？绾臂双金环。何以道殷勤？约指一双银。
> 何以致区区？耳中双明珠。何以致叩叩？香囊系肘后。
> 何以致契阔？绕腕双跳脱。何以结恩情？美玉缀罗缨。
> 何以结中心？素缕连双针。何以结相于？金薄画搔头。
> 何以慰别离？耳后玳瑁钗。何以答欢忻？纨素三条裙。
> 何以结愁悲？白绢双中衣。与我期何所？乃期东山隅。

这是一首三国诗人繁钦写的《定情诗》提到了多种定情信物，这些信物在当代社会到底已经不通用、流行了，转而被更多的物品替代。比如上世纪50年代的手帕，60年代的笔记本和书，70年代的钢笔，80年代的毛衣，90年代的巧克力，21世纪的鲜花、钻戒等。但这些东西始终是替代不了古时信物的纯美、高尚和它们所隐喻的爱情含义。

茶叶、丝帕、香囊，这些中国传统爱情信物在如今也被一些热衷中国传统文化的年轻人喜爱，他们将这些传统婚俗中寓意吉祥的物品做成伴手礼回赠给宾客，既是一对新人的爱情宣言，也是对宾客的美好祝福。这些传统信物在新时代、新环境、新土壤中孕发出新生，既是对中国式爱情的崇高表达，更是对传统文化的传承。

随着社会的变迁，如果非要模仿古人的信物，也是不合乎情理和情境。但留有一份尚古之心，敬畏之心倒是未尝不可的。"礼教初设，古风犹存"，《诗经》里吟诵的中国古典式爱情和婚姻，有着中华民族对待爱情始终留有的纯真的质朴，如一股清流，滋养和润泽我们的心灵。

月老的红线

一辈子的幸福都指望它了

中国有句俗话：男大当婚，女大当嫁。如果到了适婚年纪，还没有找到另一半，那一定是月老把你给忘记了。

中国式信物里，最最重要的一个，不是男人送给女人的，也不是女人送给男人的，而是月老送给年轻男女的。

乱点鸳鸯谱？绝不可能

月老，就是月下老人，在道教中，称为月华真君，是天庭里的一位神仙，也是中国民间传说中掌管婚姻的喜神，就像西方世界里那位可爱的神箭手丘比特一样，深受中国人的爱戴。在中国很多电视剧和月老祠里，月老都是一位满脸堆笑，和蔼可亲的老人。脸上挂满了白胡须，脸颊泛着红光，左手挽着一根红丝，右手拄着拐杖，拐杖上据说就是天下人的姻缘簿。看看，月老对待人们的终身大事多么谨慎，可不是闭着眼睛胡乱搭线那么简单的！

当一对善男信女虔诚地跪在他面前时，月老便开始打量他们。他们是否真的是彼此生命中的"Mr. right"或"Miss right"，全在月老的姻缘簿里。正如"是你的跑不掉，不是你的也求不来，"真正的姻缘不用求，如果真的是对的人，月老自会用袋中暗藏的赤绳，悄悄系在这对佳偶的脚上。从此，他们便永结同心，百年好合。

千里姻缘一线牵

中国人始终相信命中注定，所以才将月老的牵线看得如此重。被月老牵上线的二人，即便相隔千山万水，也是终会相见的。据说，唐朝有个读书人叫韦固，年幼时，有一天在河边玩，碰上了正在翻阅姻缘簿的老者，一边看，还一边用红线将两块石头系在一起。这位老人就是月老。韦固并不理解其中缘由，特别好奇。月老告诉他说："这一对石头，就是世间的一对夫妻。"韦固询问自己未来的妻子在何方？月老说："就是村头看菜园的女孩儿。"韦固觉得那个姑娘又穷又丑，十分不满，第二天路过菜园，起了歹心，用一块石头砸了姑娘的头，然后吓得逃跑了。

十几年后，韦固成为大学士。仕途正顺，可就是情场失意。有一日，韦固到某员外家做客，一眼相中了员外年轻貌美的外甥女。可巧的是，这位姑娘也对韦固颇有好感。一拍即合，二人很快择了吉日，定了婚期。洞房花烛夜，韦固仔细端详娇妻，发现她额角有一块疤痕，好奇询问。妻子说，小时候，有一天在菜园劳作，不知哪家顽皮的野孩子扔了一块石头在额头上，才留下了这个印记。韦固听后，暗暗吃惊，这才想起月老之言，啧啧称奇。从此，这个故事便和"千里姻缘一线牵"的说法流传了下来。

月老祠，有情人的圣地

现在，中国很多地方的月老祠香火依然鼎盛。最著名的是杭州西湖边上，雷峰塔下的白云庵。这里一副对联，使得才子佳人纷纷前来探访：

愿天下有情人，都成了眷属；
是前生注定事，莫错过姻缘。

中国人信奉：谋事在人，成事在天。特别是缘分这种说不清道不明的东西，更不是努力和付出就一定会有结果的。古往今来，多少中国人将自己一生的幸福寄托在月老和他手中的那根线上。

有情人终成眷属，是中国人毕生追求的美满幸福；择一人白头终老，是中国人心心相守的美好心愿。月老的红线，会一直牵下去……

龙凤呈祥图

吉祥高贵的象征,祥和安宁的庇佑

农历七月初七,良辰吉时,执事立位,礼宾候场,仪仗开道,一场传统的中式婚礼拉开帷幕。一顶红色轿子款款走来,四角系着平安扣丝穗,轿顶插着龙凤呈祥;新娘下轿,一身红装,凤冠霞帔;新人入堂,向礼宾散发龙凤呈祥的喜糖和喜烟;接下来,新人在礼仪官的引导下完成仪式,在龙凤喜印的婚书上签下自己的名字,宣告礼成。在这场华丽又隆重的婚礼中,"龙凤呈祥"占了很大的篇章。在中国传统婚俗中,龙凤呈祥,寓意婚姻美好幸福。

龙、凤、神龟、麒麟,

是中国传统四大瑞兽。龙与凤通常成双成对出现，龙为雄，凤为雌。龙与凤，一个为众神之君，一个为百鸟之王，千百年来，中国人始终敬畏这一对神兽，爱戴这一对神兽。龙、凤不仅是中华民族的图腾与象征，更是中华民族的文化标志。

"龙凤呈祥"一词最早出现于什么时候？据载，出于《孔丛子·记问》："天子布德，将致太平，则麟凤龟龙先为之呈祥。"至此，龙凤呈祥便是吉利喜庆之事的代名词。仔细看龙凤呈祥图，龙、凤呈环抱之态，龙为升龙，张口旋身，回首望凤；凤是翔凤，展翅翘尾，举目眺龙，周遭祥云铺陈，一派安然祥和。

因为它们高贵的身份，吉祥的寓意，大约自秦汉开始，龙和凤开始成为宫廷皇室的身份象征。帝王开始自诩"真龙天子"；皇后也开始"执掌凤印"。近年来，通过大量的清宫戏，我们可以看到绣着九条金龙的豪华龙袍，也从一些良心好剧和纪录片中，见识了真正的"凤冠霞帔"是何等的风光。

在中国古代，凤冠可不是想戴就能戴的，它是高贵身份的象征，只能为皇后、高等级妃嫔所用。《明史·舆服志二》记载："皇后其冠，圆匡冒以翡翠，上饰九龙四凤，大花十二树，小花数如之。两博鬓，十二钿……永乐三年定制，其冠饰翠龙九，金凤四，中一龙衔大珠一，上有翠盖，下垂珠结，余皆口衔珠滴，珠翠云四十片，大珠花、小珠花如旧。三博鬓，饰以金龙、翠云，皆垂珠滴。"凤冠，也可谓"生命中不能承受之重"，戴凤冠的中国古代女人，肩负着常人难以承受的责任和使命。

在漫长的中国封建社会，龙凤是身份的象征，是吉祥高贵的代表，是普通人难以企及的，触碰不到的吉祥物。

但今天，龙凤呈祥又如它们最初出现时一般，飞入寻常百姓家。不仅一些年轻人结婚喜用到龙凤呈祥的图案，在山东曲阜，甚至还有小孩出生送龙凤印章的习俗。

龙与凤，是力与美的结合，也是中国传统观念中的阴阳相合。

在中国人看来，结婚、生子都是大喜事，自然要热闹风光，红红火火，大吉大利。龙凤呈祥的文化延续至今，世世代代的中国人借助龙凤的力量，得到祥和、安宁的庇佑。

双喜图

双倍的喜乐，成双的好事

喜，是中国人喜闻乐见的一个字。街坊四邻见面了，满脸堆笑，"有喜事啊？"谁家有了值得祝贺的事情，总会道贺一声"恭喜恭喜"。一个个"喜"字，就好像一张嘴在笑，让人心生欢喜。有的中国人家里，喜欢摆上"福禄寿喜财"五神摆件。可以说，喜，自古以来就集合了中国人对于欢乐、愉悦的憧憬和表达。

贴个囍字，是中国人结婚必不可少的仪式感

中国人结婚，极其讲究仪式感。现代年轻人，结婚的仪式不拘泥于中式或者西式，是办婚礼还是旅行结婚，但无论如何，总会在新房贴上大大的囍字。看到谁家窗户上贴着这张正红的双喜图，就知道，看，谁家娶媳妇了，谁家嫁女儿了，邻居们见了也会十分欢喜。

囍,一个对称的双喜图案,是"喜"的一个图符,也是中国人独有的用于婚嫁场合的吉祥符号,寓意婚姻顺遂,吉祥如意。喜字的另一个图符,是"禧"。这个字多用于春节等节庆场合,诸如"千禧之年""恭贺新禧"。

双喜临门,好事成双

新人张贴囍字,为何是双喜?

古代人称的人生四大喜事是:久旱逢甘霖,他乡遇故知,洞房花烛夜,金榜题名时。对于中国传统文人而言,后两件事是一生中最大的两件喜事。

北宋著名政治家、诗人王安石在23岁那年进京赶考,路过马家镇马员外家，看他的宅院外挂着一盏走马灯，灯上写着"走马灯，灯马走，灯熄马停步"的半副对子，一看便知，这是在等人来做下联。王安石不由得拍手称道，"好对！好对！"员外家的仆人立即去告知马员外，待员外出门来看时，王安石已经离去。

次日，王安石考试非常顺利，交了头卷。主考官很是欣赏，立即传他来面见。主考官随便一指飞虎旗，说"飞虎旗，旗虎飞，旗卷虎身藏。"王安石立马想到马员外家走马灯上的那半副对子，答道："走马灯，灯马走，灯熄马停步。"主考官不禁暗自赞叹。

考完回乡的王安石，挂记马员外家的走马灯对自己的帮助，特意又去看，被员外家的那位仆人认了出来，执意请他进门面见马员外。马员外执意要王安石做下联，王安石灵机一动，"飞虎旗，旗虎飞，旗卷虎身藏。"马员外很是高兴，立马将女儿婚配给王安石。

成婚那日，新郎新娘对拜天地，此时，有捷报传来："王大人金榜题名，明日请赴琼林宴！"因为一副对联，王安石收获两件大喜事，他带着几分薄醉，在红纸上挥毫写下"囍"，并随口吟道："巧对联成双喜歌，马灯飞虎结丝罗。"随即，命人将这双喜字贴在门上。

这个故事很快流传开来，自此，中国人结婚便有了贴"囍"的习俗。大概也是寄希望双喜临门，好事成双吧！双喜图，不仅是信物，更是爱的见证、爱的宣言，更是爱的守护。

鸳鸯

专情的中国爱情鸟

公园的湖上,时常会看到成双成对出现的水鸟。雄鸟羽色绚丽,雌鸟羽色苍褐,它们总在一起,不离不弃。这就是传说中的鸳鸯。

一条鸳鸯手帕,传递说不出口的那些话

鸳鸯是一对,它们彼此陪伴,永远都在秀恩爱,"撒鸟粮"。世间这么多难以相全的爱恋,人们便尤其羡慕这一对组合,于是,用了大量诗篇和文章来歌颂它们的爱情。最著名的便是初唐四杰之一的卢照邻在《长安古意》中的那句:"得成比目何辞死,愿作鸳鸯不羡仙。"后代人通常演绎为"只羡鸳鸯不羡仙"。大诗人李白也曾有诗句描述:"七十紫鸳鸯,双双戏亭幽";而杜甫也赞其"合昏尚知时,鸳鸯不独宿"。可见,鸳鸯作为象征

爱情忠贞之鸟,早就声名远播。

历代的中国画画家也尤其擅作《鸳鸯戏水图》。鸳鸯游戏在荷塘中,池水微微泛起涟漪,原本宁静的一池碧水平添了些许灵动。荷花,独守纯洁,被文人称誉为"绿盖佳人",荷花与鸳鸯出现在一个画面中,无不彰显着一种和谐之美、纯净之美。古时候,小儿女间可不似现在一般能尽情表达自己的相思和爱慕,姑娘们将思慕之情绣在手帕上。于是,一条条鸳鸯手帕成为少男少女们互述衷肠的信物。在交流并不通畅的年代,鸳鸯,给多少佳偶当过"红娘"啊!

求爱神助攻到婚姻守护神

中国人喜爱鸳鸯,不仅因为它们是懂爱的鸟,更是长情的鸟。鸳鸯一旦配对成功，便会相伴终生，即便有一方不幸离世，另一方也不会另觅新欢，而是选择坚守这份爱情，孤独终老。这样的习性十分符合中国古人"从一而终""白头偕老""不离不弃"的婚恋观。于是，鸳鸯从求爱的"神助攻"进一步演化为婚姻的"守护神"。

古人结婚时，新娘的娘家人和闺蜜团会送上鸳鸯枕和合欢被作为陪嫁，为的是讨一个"好事成双""成双成对"的彩头。在今天的婚礼中，司仪也会送上应景适宜的祝福："祝福一对新人花好月圆，福禄鸳鸯。"亲朋好友会为佳人送上鸳鸯枕头、鸳鸯木梳作为贺礼。有鸳鸯出现的婚礼，便是最好的祝福了。

香囊

一针一线总关情

每当端午临近，中国人总是配置几个新巧的端午香囊。这香囊的面儿，是用上好的宋锦制作，绣上吉祥如意的纹和一些安康顺遂的好话；里面的香料，会捡契合这个时节的草木来做，一般会用到艾草、丁香、白芷、紫苏、石菖蒲、藿香等，有安神、驱蚊、静心之功效。当然，还会给香囊佩上流穗，更显得古风古韵十足，令人爱不释手。

五月伊始，又逢芒种。俗话说，芒种落雨，端午涨水。这段时间里，气候闷热潮湿，这样的一只香囊，的确会让人舒心不少。佩戴香囊，和挂艾草、挂菖蒲一样，是端午节传统的习俗之一。香囊中那一抹浅浅的草木香味，总会把人带到大自然中。

香囊，不仅仅出现在端午节

我们如今的香囊，又可以叫作香袋，也可以叫作荷包。那是因为，如今的香囊通常是做成荷包形状。但其实在古时候，香囊也有金银玉镂刻而成，用来装香料用。只是后来，香囊和荷包逐渐融合在一起，没有了本质的区别。

香囊总是和端午一起出现，好像并没有什么异议。但近年来一些大热的清宫戏，让香囊的意义似乎更深了一层。比如《甄嬛传》《如懿传》中，都讲到了清朝嫔妃给皇帝缝制香包，供皇帝佩戴在腰间，或者是放置在龙榻上。《延禧攻略》中，宫女明玉在七夕节偷偷送香囊给侍卫傅恒。这样的桥段似乎都在说，香囊隐隐藏着不能公然宣之于口的情爱。

是礼仪道具，也是爱情信物

香包在《诗经》的一些篇章里已有描述。屈原《离骚》也写道："扈江篱与辟芷兮，纫秋兰以为佩"。说的是，佩戴含有江篱、辟芷、秋兰的香草。《礼记·内则》记载，青年人见父母长辈时要佩戴"衿缨"以示敬意。这说明佩戴香囊是一种礼仪。男女佩戴香囊的习俗，自古有之。到了讲求生活品质的宋朝，官史朝服上开始佩戴香包，加强了礼仪的作用。

幽香传情，扣人心弦。正如现在香水的功能一般，让裙底生香，似乎也有那么一点隐晦的挑逗之意。三国《定情诗》写道："何以致叩叩，香囊系肘后。"秦观《满庭芳》中的赠别之物，也是"香囊暗解，罗带轻分"，这样的香气袭人，是不是也让你欲罢不能？

到了清代，香囊正大光明地成为爱情信物。最著名的便是《红楼梦》里，宝玉和黛玉因为一个荷包引发的别扭，黛玉怒剪香囊的故事。若是哪位少年得到了心爱女子相赠的一个荷包，便是如今天加了哪位佳人的微信一般，怕是要高兴好多天吧！

2008年，香囊入选第一批国家级非物质文化遗产扩展项目名录。在今天，香囊、荷包依然可以成为寄情的美物。在端午、七夕之时买一个，甚至亲自缝制一个香包送友人、送恋人、送爱人都是不错的！其布面可以选择荷花、牡丹、双鱼、葫芦、石榴、大枣等寓意美好、吉祥的图案。把它挂在床头，放在案头，不仅有幽香暗送，还可以美化装点我们的居住空间，也蕴含、传递着主人高尚的审美情趣。

梳子

收了我的木梳,就要和我白头

"一梳梳到底,二梳白发齐眉,三梳子孙满堂。"在中国古代,女子出嫁那日,会有亲人专门为其梳头,一边梳一边念着这三句话。这是亲人对出嫁女儿最美好的祝福。

梳子,在弘扬美、表达爱、传递爱的历史中,一直扮演着重要的角色。

古人尤其爱惜自己的头发。梳子,古称梳篦,既有浪漫的传情之用,也有美化发饰的功能。《说文·木部》中说:"梳,所以理发也。"可见,梳子,最初就是整理头发的工具;在后世的衍变和发展中,一步步成为一种重要的头饰。一度,它与笄、簪、钗、步摇、凤冠、华盛、发钿等并称为中国八大发饰。

古代女子对梳篦的喜爱达到了一刻不能离手的地步,就像现在的女子包包里时刻装着的粉饼一样。唐至五代时期,插梳为饰的风尚已经蔚然成风。可以得见,梳篦在提升古代女性颜值这件事上，发挥了重要的作用。

如果说梳篦作为一种头饰，仅仅流行在女性朋友圈中，那么后来，它成为情人间传递爱的无声之言，则赋予了梳篦更生动的意义。

以梳为礼，结发百年。近代作家、诗人苏曼殊有诗云："淡扫蛾眉朝画师，同心华鬘结青丝。"这青丝，就是头发，取"情思"的谐音。七夕节，总有多情的公子挑选一把好看的木梳，赠予心上人；而含蓄的女子若是有意，甚至会剪下一缕青丝回赠公子，二人便默许终身，白头偕老。

如今，梳子依然是一种浪漫的宣言。今天的七夕节，被一些年轻人称作"中国式情人节"。在这一天，恋人之间除了互赠巧克力、鲜花等信物外，也有一些崇尚古风的年轻人，会精挑一把梳子送给恋人或爱人，还有一些年轻的父母会选择梳子送给孩子。玉梳当赠美人。梳子，藏着中国人含蓄的爱，蕴含着对美好生活的期待。

罗帕

相思罗帕知，挂念手绢懂

罗帕，是一种丝织方巾，也就是现代人的手绢。是中国古代女子的随身之物，也是一件尤其私密的物件儿。古时候，有多少隐晦的情感都发生在这块罗帕之下？

丢手绢，轻轻地丢在情郎的后边

男女相见，女子以一块薄纱覆面，眼底里早已透出缱绻的秋波。那男子虽十分想一睹女子的美丽容颜，却不敢僭越规矩，恨不得有一阵风吹起女子的罗帕，得以一睹真容。罗帕之下，女子的脸早已泛起红霞。

这仅仅是故事的第一步。接下来，还有更精彩的。在古代，男女禁止私相授受，除了暗送秋波之外，还有什么更直白一点的表达方式呢？真的是急坏了少年郎。小女子也是看在眼里，便借故走到没人的地方,少年郎自然远远尾随。小女子见四下无人,便将带着香味的罗帕丢在地上,转而跑开。少年郎自然追上去,捡起方巾,揣进怀里,心扑通扑通地跳个不停……

两人的情感与日俱增。到了七夕前夕,小女子便拿出针线,在罗帕上绣上一对鸳鸯,或者一株兰草,找机会送给朝思暮想的少年郎。少年郎自然珍重收藏,每日必取出看两眼。

这样的桥段,大概是古代谈情说爱里最常见的篇章。用现代的话说,是最老套的故事情节。但也就是这样一块罗帕,传递了多少男男女女的缠绵之意。

罗帕传情,你懂我懂全都懂

明代冯梦龙在《山歌》中描写到,"不写情词不写诗,一方素帕寄心知,心知接了颠倒着,横也丝(思)来竖也丝(思)。"这块素帕,这个人,怎就叫人如此牵肠挂肚呢?

《西厢记》里,张生和崔莺莺相爱,就是从一块手帕题诗相赠开始的;陆游唐婉曾是一对佳偶,却迫于陆母的压力劳燕分飞。后有一次,陆游在沈园偶遇唐婉,便写下了遗恨千年的《钗头凤》:"春如旧,人空瘦,泪痕红浥鲛绡透。"这鲛绡,便是手帕;《红楼梦》中,宝玉挨打后,让晴雯送给黛玉半新不旧的帕子,这帕子,就是沾了黛玉泪渍的帕子,其中的情意只有黛玉懂。

见字如面,尺素传情。最早的时候,古人在手帕题诗,称为尺素,是爱人之间书信的代称;后来,才成为书信的代名词。

这块罗帕,在田间地头有了更接地气的故事。挥汗如雨的劳作中,若有人用手帕轻轻为你擦拭额头,那份惺惺相惜,那份默契,不用言语,暖在心头。

犹记得小时候,妈妈会在我们胸口用针缝一条小手帕,哭闹的时候可以擦擦眼泪、擦擦鼻涕,但其实,那块手帕就是妈妈的代名词。在多少个离开母亲怀抱,偷偷在幼儿园抹眼泪的日子里,低头看见那块手帕,就像看见了妈妈,心情自然好了许多。

也记得小时候最喜欢的一首歌,直到现在也能唱得出来:"丢手绢,丢手绢,轻轻地丢在小朋友的后边,大家不要告诉他,快点快点捉住他,快点快点捉住他。"一块小手帕,奠定了童稚心里最纯真的友情。

到今天,手帕几乎已经被年轻人弃用了。但还能看见许多老年人带着一块手帕。他们总说,这帕子用了一辈子了,东西还是老的好用。其实,要论方便和实用性,手帕哪里比不得现在的面巾纸呢?他们丢不掉的,不过是一份一辈子的怀念罢了!

兰草、芍药

这才是地道的中国"玫瑰"吧

今天,一些年轻人将七夕节当作"中国情人节"在过。恋人间互送玫瑰、巧克力,和西方情人节的过法并无二致。其实,就像玫瑰在西方人眼中代表爱情一样,中国人也有代表爱情的花——兰草和芍药。

芍药,花语是"恋恋不舍,难舍难分。"它是中国的爱情之花,但有人说它是七夕的代表之花,这话却有些不妥。

一则,七夕的确不是中国的情人节,中国历史上原本有一个真正的情人节——上巳节。芍药就是出现在上巳节的代表花卉。

溱与洧,方涣涣兮。士与女,方秉蕑兮。女曰:"观乎?"

士曰："既且。""且往观乎？洧之外，洵訏且乐。"维士与女，伊其相谑，赠之以芍药。

溱与洧，浏其清矣。士与女，殷其盈矣。女曰："观乎？"士曰："既且。""且往观乎？洧之外，洵訏且乐。"维士与女，伊其将谑，赠之以芍药。

这是《诗经》中的一首诗。讲的郑国小青年在上巳节，相约溱水和洧水踏青游春的事儿。

在这首民歌里，出现了兰草和芍药这两种植物。它们记录了春天的美好，也见证了男男女女纯真憨懂的爱情。

二则，上巳节，在农历三月间，彼时，正值草木丰茂，万物生发，也是芍药开花时节。到了七夕，芍药早就残败，的确不适合做七夕的代表花卉了。但在今天，一些商家感慨古人谈情说爱时的雅与美，想着办法在七夕栽培出芍药和兰草，供爱情中的男男女女们以花草表心意。在上巳节早已不复存在的今天，在七夕节这个特别的日子，插一支温室里栽培的芍药，执一根幽香的兰草，体会一份古人的雅心，传承一份传统文化的雅兴，何乐不为？

茶

吃了我家茶，成为我家人

在现代的婚礼上，不论中式还是西式，总是少不了向长辈敬茶这一环节。新人双双跪在地，向对方父母奉上喜茶，从此改口，称呼他们为"爸爸、妈妈"，既是表达一种尊敬之情，也是希望未来的日子里，家庭和美、幸福。因而，这道茶也被称为"改口茶"。

茶，在古代中国人的婚姻生活中扮演着重要的角色，茶为媒，茶为聘礼，甚至成为中国婚姻恪守"从一而终"的代表物。

明代许次纾《茶流考本》中说："茶不移本，植必生子。"意思是：茶树只能从种子开始萌发成树木，移植不得活。因为，古人将茶视为忠贞不渝的象征。当然，在古代，"忠贞不渝"这样的要求一般都被施加在女性身上。于是，如果哪一个女子"吃了两家茶"，就像今天"脚踏了两条船"一样，是绝对抬不起头、翻不了身的。

何为吃了两家茶？这说的是古时男女订婚要以茶为礼，由男方带着茶礼到女方家提亲，确立关系，这叫作"下茶""定茶"；如果女方同意了这门亲事，就会接受这份茶礼，这叫作"受茶""吃茶"。所以，待字闺中的少女一定要想好了吃不吃这碗茶。像什么端着张家的茶，望着李家的茶这样的事情是万万做不得的。《红楼梦》里有一个桥段，王熙凤打趣林黛玉说："你既吃了我家的茶，怎么还不给我们家做媳妇？"这当然是句玩笑话，也可看出茶——这位大媒人的重要地位。

除了茶不移志的本性，古人也看重茶至纯至洁的品性，寄寓爱情"纯正真挚"；茶树多籽，人们也寄希望像它一样，子孙昌盛；茶树四季常青，正如爱情永世常青。

时移世易，茶，虽然在现代婚俗中不再扮演着往昔那般重要的角色，但也在生活中，和我们保持了千丝万缕的联系。

茶如婚姻，一段好的婚姻，无非是在对的时间遇上了对的人。喝酒，追求的是那份浓烈；品茶，却偏偏寻觅着一份平淡。正如所有轰轰烈烈的爱情终会回归平淡的生活本质，所谓历久才能弥新。时间都去哪儿了？都在唇齿间残留的茶香里，都在岁月背后的每一个缝隙中。

玉佩、簪子

爱情很奢侈，爱情信物也很奢侈

> 何以结恩情？美玉缀罗缨。
> 何以结相于？金薄画搔头。

一件美玉，一只发簪，不仅是古人日常离不得的装饰物，更是隐藏了"我现在十分甜蜜"这样的小心思。

美玉当赠佳人

美玉缀罗缨。这罗缨，是古代女子出嫁时系于腰间的彩色丝带。都说窈窕淑女，君子好逑，但系着罗缨的女子，谦谦君子也只能遥遥相望了，"不好意思"，姑娘指了指腰间的罗缨，"我已名花有主。"光是这罗缨，明显感觉不太"高大上"，于是，还要在这丝带上系上美玉。这美玉的成色，一定是夫君千挑万选，送给她的定情信物。

男子送给心爱的女子玉佩，这样的习俗由来已久。《诗经·卫风·木瓜》里讲道："投我以木瓜，报之以琼琚。匪报也，永以为好也！"这琼琚，指的就是精美的玉佩。这段记录说的是，一个男子得到心爱的女子相赠的木瓜，便用玉佩回赠予她，以求永结同心。

什么？送出去一个瓜，竟然能得到一块玉佩的回礼？这真的是要羡煞我们这群现代"吃瓜群众"！为什么一定要送玉呢？玉的色泽典雅华贵，肌理清澈而纯洁，质地温润，触手生温，让人欲罢不能。

玉是耐看的，有内涵的，正如"情人眼中的西施"，完美无瑕，挑不出一丝杂质。"白茅纯束，有女如玉。""彼其之子，美如玉，美如玉，殊异乎公族。"送上一块玉，顺带还送上动人的辞藻，这样的表白，哪有不令人沉沦的？

就算是在今天，人们依然为玉的天然美而倾倒。往往形容一代"玉女"，玉面、玉体、亭亭玉立……这都是对美人最高的褒奖。

美玉赠佳人，亦当赠公子。谦谦公子、温润如玉，不仅是在形容这位公子面容姣好,更是形容他的儒雅之风,高贵的人性品格。在古代,女子都愿为情郎亲手戴上玉佩,结在腰间,这样一个小动作,传递了多少浓情蜜意啊!

当相爱之人被迫分离,会将玉佩摔成两半,彼此各执一半残片。"宁为玉碎,不为瓦全",即使玉已碎,其玉沁(玉中带有颜色的一种物质,通常为丝状)是不会变的。玉沁不变,爱人的心就不会变,思慕的情就不会断。

这样一份固执的情感,是中国人独有的。就像玉佩,总有一份固执和骄傲在里面。

发簪,为了爱情一掷千金

发簪,也是中国古代女子经常佩戴的装饰品。簪,是一种用来插定发髻或连冠于发的一种长针,后来专指妇女插髻的首饰。古时七夕节,丈夫会精心挑选一只发簪送给心爱的妻子;若是对哪家姑娘动了心,男子也会送上一只发簪,以表倾慕之情。发簪,是一件昂贵的爱情信物,特别是精美的发簪。但多情的公子为了这只发簪,到处求宝,甚至会专门寻觅一巧匠悉心打造独一无二的定制款,也可谓为了爱情一掷千金了!

花椒

爱情需要麻辣？我只是想和你生孩子

花椒，是家家户户离不开的厨房一宝，调味佳品，这无须质疑。但让人脑洞大开的是，花椒，竟然也是古代男女的定情信物。

用花椒做定情物？何干？想要我们的爱情又麻又辣？那你真的是想多了。花椒树，结实累累，是子孙繁衍的象征。《诗经·唐风》有曰："椒聊之实，藩衍盈升。"赠予花椒，无非就是希望子孙兴旺，是不是有点过于直白了？

事实上，就是这么简单动人。《陈风·东门之枌》里，一个年轻貌美的姑娘正在大树下翩翩起舞，裙角飞扬，引得男子目不转睛地盯着她看。也许是那天的阳光太过明媚，也许是那天的花香格外馥郁，也许是那天的情歌特别动听……在男子眼中，姑娘冰洁玉洁，出尘脱俗；在姑娘心里，男子萧萧肃肃，爽朗清举。女子向前一步，送给男子一束花椒，聊表心意。男子欣然收下,"你的心意,我全然明了。"

"视尔如荍,贻我握椒"。意思是:看你粉红色的笑脸好像锦葵花,赠我一捧紫红的香花椒。

可能你对这样大胆的告白并不熟悉,但你一定听说过椒房殿。椒房殿,是中国古代传统宫殿建筑,在西汉都城长安城内的未央宫内,是皇后所居的殿,亦称椒室。这样的一座宫殿,据说是因为在墙壁上用了花椒树的花朵研制的粉末来粉刷,有浓郁的芳香,既可以防治蛀虫,也可通过气味驱蚊驱虫,另则,还有隔热保温之功效。当然,最重要的还是取花椒多子的寓意。皇后贵为六宫之主,母仪天下,负有绵延皇家后嗣的重要职责。"椒聊之实,藩衍盈升。"在汉代,花椒是贵货,寻常百姓是不可能像宫廷皇室一般用来涂墙这般奢靡浪费的。一直到南北朝时期,花椒才开始用作调料,但在种植技术落后的年代,依然是平民阶层用不起的贵族产物。也正因为如此,人们对花椒才有这最质朴、最原始的敬畏之心和向往之心。

同心锁

你锁了，人家就懂了

锁这个字，是一个名词，也是一个动词；是一种事物，也是一个动作。锁，是一个家的保障，锁，根植在中国人的心中。中国人喜欢说，要把美好的东西牢牢锁住。中国人固执地相信，只要将好的期许和愿望锁起来，就会永固不变。

在小孩子出生后，大人们喜欢给他们佩戴上一只长命锁。这是长辈送给孩子的第一份礼物，其中包含着深远的寓意：锁住吉祥平安，祈求长命百岁。

当他们渐渐长大，迈向成年时，他们开始将目光转移到另一枚锁身上：同心锁。

中国黄山，云雾缭绕，仙气十足。天都峰，位立黄山东南，与光明顶、莲花峰并称黄山三大主峰。自古就有"群仙所都"之称，意思是天上都会。令天都峰闻名于天下的，是这里重重叠叠的同心锁。

同心锁,绝对是地地道道的中国货。相传它是月老的一件宝物,可这件宝物却是不应以予人的。如果相爱的人,能够用真心打动月老,便会得到月老的这份恩赐,从此,他们便能生生世世永结同心,永不分离。

同心锁其实是一把其貌不扬的铁锁,却蕴含了有情之人最真挚的祈愿。天都峰上一把把锈迹斑斑的铁锁上,镌刻上"心如磐石""长长久久""不离不弃"的话语,像是月老对这一对对佳偶的祝福,更像是恋人对彼此一份郑重的承诺。

如今,在世界各地都流行着原产于中国的这一份承诺。在韩国首尔著名的观光区首尔塔观望台,世界各地的情侣们慕名来到这里挂同心锁;在布拉格这个浪漫的城市,距离著名的查理大桥附近还有一座桥,围栏上挂满了锁,因而得名"同心锁桥"。

木心先生的《从前慢》,赋予了锁以生命、情感,"从前的日色变得慢,车、马、邮件都慢,一生只够爱一个人。从前的锁也好看,钥匙精美有样子,你锁了,人家就懂了"。

金饰

情比金坚，大概是情感的最高级别

七夕的节日市场，除了巧克力、鲜花大卖之外，在广东、福建一些地方，金饰也十分畅销。中国人虽然自古以来就钟爱黄金，但在很长一段时间，一些年轻人却对金饰提不起兴趣。相比之下，他们更喜欢追捧钻石、铂金，原因除了广告的引导效应之外，还跟黄金饰品看起来不那么时尚有关吧！

最重要的陪嫁

金饰，在中国古代，可不是像今天这样随随便便就能送得起的，而是富贵人家娶媳嫁女之时最重要的陪嫁。新娘子离开娘家，父母给她送上贵重的金器和金饰，这是她的"私房钱"，一是为了让夫家看得起，二是绸缪将来若遇上要紧事，也不会捉襟见肘。这些沉甸甸的金子里，满满的都是父母的疼爱与怜惜啊！在南宋，富贵的人家下聘礼时也必须有齐备的"三金"，必有金钏、金铤、金帔坠。这在南宋吴自牧的《梦粱录》也是有记载的。

意想不到的金戒指

"唯将旧物表深情，钿合金钗寄将去。钗留一股合一扇，钗擘黄金合分钿。但教心似金钿坚，天上人间会相见。"

白居易《长恨歌》里说：只要情深如金坚，不论天上与人间。情比金坚，是中国人对爱情最美的祝福，也是最深的期许。

交换戒指，这是现代人结婚典礼上最具有仪式感的一个环节。戒指这样东西，虽然原产自中国，但作为大众订婚、结婚之信物，却是跟西方学来的，在清末民初西风东渐之时，被汉族人所接受。

金戒指，在古代嫔妃身上还起到一个重要的作用。当一个妃嫔被帝王临幸之后，便会认领两款戒指：一金一银。平时，她们只能戴银戒指，如果适逢月事不宜侍寝或者怀有身孕，就会带上金戒指。如此一来，方便宫中女官登记。宋代高承《事物纪原》载："《五经要义》曰：'古者后妃群妾御于君所，当御者以银环进之,娠则以金环退之,进者着右手,退者着左手。'说的就是这个事。清代《土风录》上说,"戒指乃已幸女子者……"也就是说,戴戒指的女子是已婚女子,所以戒指也有标明已婚身份的意义。这便和现代人将戒指戴在无名指上宣告自己已有家室如出一辙。

复活的金饰,永恒的情感

近些年来,一些华美的古装剧让金饰重新复活。比如,一只带有流苏的金凤凰步摇,会使女子走起来更有风情。一些商家和企业借机大力复兴古法黄金工艺。花丝、錾刻、搂胎、锤揲、镶嵌、修金等技艺的运用,让中华之美大力发扬。龙凤呈祥的手镯、莲开并蒂的吊坠,寓意"开枝散叶"的耳环,又成为年轻人钟爱的爱的信物。

说到底,中国人爱金饰,外国人也爱金饰。外国人打造一份好的金饰,只为成就一件好的珠宝作品;而中国人却融入了美好的意愿和情感。唯有匠人精神,才能打造出完美无瑕的金饰;唯有坚定不移的爱,才能令金饰熠熠生辉,久久留情。

结婚证

一纸诺言,一生信守

一纸婚书,就是一纸诺言。从古代婚书到现代结婚证,始终都是中国人一生中最重要的证明,也是最重要的礼仪和契约。

现在的年轻人,结婚的形式越来越多样化,中式婚礼、西式婚礼,也有不举行婚礼的,旅行结婚的,如若放在古代就显得有点太随意了!

翻阅一下中国古人的成婚流程,比现在要繁琐得多。这其中,不得不说到"六礼"和"三书"。"六礼",始于西周,是指求婚至完婚的整个结婚过程。即:纳采、问名、纳吉、纳征、请期和亲迎。"纳采",即男方托媒人带上礼物去女方家"打探",以求是否有合婚之意;"问名",是指女方接纳提亲后,将女方的姓名、生辰八字等信息告知男方,以卜吉凶,通俗点说,就是"合八字";"纳吉",即八字相合后,男方便将这一吉兆通知女方,并用雁为贽礼,女家亦以礼相待;"纳征",又叫过大礼,

即男家把聘书和礼书送到女家;"请期",即男家择定合婚的良辰吉日,并征求女家的同意;"亲迎",也是现代人最为熟悉的一个环节,即在选定的吉日,新人举行合婚仪式。男方会在吉日吉时用花轿将新娘接进家门,并完成拜天地的仪式。这也是现代影视剧中经常会看到的场景。

　　因为"六礼"着实繁杂,耗时耗财也耗心力,因此,秦汉之后的普通百姓家便适当简化了"六礼"。宋代,朱熹在《朱子家礼》中将"六礼"进一步简化为纳采、纳征、亲迎这三礼。

　　无论"六礼"还是精简后的"三礼",都是中国古代结亲特有的仪式感;"三书",则是这一系列过程中所用的文书,包括聘书(订婚文书)、礼书(礼品清单)和迎书(娶亲文书)。这便是古代的"婚书"。也就是说,古代的婚书自订婚起就开始"生效"。

《唐律疏议·户婚律》记载:"诸许嫁女已报婚书及有私约而辄悔者,杖六十。"可以看出,婚书一旦缔结,必得严格遵守。在宋代,孟元老《东京梦华录·娶妇》中也有婚书的记录:"凡娶媳妇,先起草帖子,两家允许,然后起细帖子,序三代名讳,议亲人有服亲田产官职之类。"可见婚书非常严谨,说是"户口簿"也有过之而无不及了。明清之后,婚书相对简化,清朝流行的"龙凤帖""鸳鸯礼书",上面署有新人的生辰八字、聘礼,以及行礼的吉日吉时等。到了民国时期,婚书渐渐褪去旧时模样,但言辞依然唯美、古风。

"两姓联姻,一堂缔约,良缘永结,匹配同称。看此日桃花灼灼,宜室宜家;卜他年瓜瓞绵绵,尔昌尔炽。谨以白头之约,书向鸿笺,好将红叶之盟,载明鸳谱。此证。"堪称"民国最美婚书"。

时光荏苒,转眼又快过了一个世纪。而今,越来越多的年轻人喜欢在七夕这一天到民政局去领回人生中最重要的证件——结婚证。这一张只需要9块钱工本费的红色本本,是幸福的通行证,也是幸福、坚守的诺言。

生于20世纪七八十年代的人应该还记得,小时候,家里的墙壁上甚至还会挂着父母的结婚证,像一张奖状一般,裱在镜框里,每个来家里的客人都会仔细端详一番,结婚证上的两个人自然是得意满满。90年代以后，家家户户客厅的墙上已经换成了刚刚流行起来的西式结婚照。新娘手中持一把塑料花，新郎握住新娘的手，二人笑得端庄大方。这算不算那个年代的"花式秀恩爱"呢？

1950年4月30日，新中国第一部《婚姻法》颁布，结婚证上隆重推出"自主自愿"四个大字，旧式的包办婚姻一去不复返。和平鸽、稻穗等出现在结婚证上，这不仅反映了农业在国民经济中的地位，也像是在说一句老话："嫁汉，嫁汉，穿衣吃饭。"

到了60年代，画风突然一变，鸳鸯戏水、并蒂莲花、梅花等中国文化中传统的吉祥图案印上了结婚证，这也使得结婚证更加大方，具有中国特色美。

1976年以后，结婚证取消了复杂的图案设计；到了80年代，开始贴上新人的照片。90年代后，还套上了硬壳，做得更像一本"荣誉证书"。

迈入21世纪，结婚证封面为枣红色，用烫金字写着"中华人民共和国结婚证"，正中间有国徽图案。结婚，始终是一件喜庆的事情，也是庄重严肃的事情。

无论是从前的婚书还是如今的结婚证，这一张纸都不仅仅是"证明""凭证"。从古至今，一纸婚书，牵出了两个人，两个家庭，甚至两个家族的故事……

图书在版编目（CIP）数据

七夕 / 苏槿，萧三闲著 . -- 北京：五洲传播出版社，2020.1（中国节）

ISBN 978-7-5085-4322-2

Ⅰ . ①七… Ⅱ . ①苏… ②萧… Ⅲ . ①节日—风俗习惯—中国 Ⅳ . ① K892.1

中国版本图书馆 CIP 数据核字 (2019) 第 235195 号

七夕

文　　字	苏　槿
插　　画	萧三闲
出 版 人	荆孝敏
责任编辑	梁　媛
装帧设计	红方众文　朱丽娜　张芳芳
出版发行	五洲传播出版社
地　　址	北京市海淀区北三环中路 31 号生产力大楼 B 座 6 层
邮　　编	100088
发行电话	010-82005927，010-82007837
网　　址	http://www.cicc.org.cn，http://www.thatsbooks.com
印　　刷	天津图文方嘉印刷有限公司
版　　次	2020 年 1 月第 1 版第 1 次印刷
开　　本	787mm×1092mm　1/32
印　　张	6
字　　数	160 千
定　　价	49.80 元